どアホノミクスとトラパンノミクス

どっちも「アホ」たる30の理由

浜矩子
Noriko Hama

毎日新聞出版

はじめに

またまた、アホノミクスものです。もうかなり食傷気味だ。いい加減にせよ。そうおっしゃりたい皆さんもおいでかと思う。筆者としても、それなりに気が引けるものはある。だが、ここで品良く自重しているわけにはいかない面がある。事態は動く。チーム・アホノミクスもかなり必死になっている。だから、動きが過激になっていく。これを放置しておくわけにはいかない。アホノミクスの「ア」の字も、どアホノミクスの「ど」の字も、語らずに済む。そうなる日まで、圧力を高め続けていかなければならない。その思いが深まる日々だ。

ところで、本書のタイトルは『どアホノミクスとトラパンノミクス』だ。トラパンノミクスの説明を要する。もっとも、表紙を見て頂ければすぐお解り頂けるだろう。極上の出来だ。ドナルド・トランプさんが、誰か知っている人によく似ている。そう思いながら、なかなか、その人が誰かを思いついていなかった。そしてある日、それが解った。それは、鬼さんだった。鬼さんといえば、トラの皮のパンツだ。そして角である。そのいずれも、トランプさんにぴったりだ。だから、彼をトラパンさんと呼ぶことにした。トランプさんの経済政策だから、トラパンノミクスである。アホノミクスと、絶妙なペアを形成していると思う。この鬼の目に涙はない。アホノミクスの大将の目にも涙はない。いずれも、自分のためには泣けるかもしれない。だが、人のために涙出来る感性とは、いずれも無縁でありそうだ。

この二人には、共通点がとても多い。だが、大きな違いもある。かたや引きこもり。かたや拡張主義。どっちがどっちかは、本文でご確認頂ければ幸いだ。

本書は、Q&A形式になっている。もともと、『サンデー毎日』誌向けに折りに触れてご取材頂いた際のやり取りが、内容の核を形成しているからだ。切り込み鋭きジャーナリスト、谷道健太さんの問いかけに答える中で、本書の軸になる内容が生まれた。そこをベースに、刻々動く状況を踏まえつつ、その謎解きのために踏まえておくべき基本を確認する形で、改めてインタビューして頂いた。その対話の中身を、一問一答の形に共同作業で取りまとめた。この作業の結果が本書である。

原稿の最終調整を行っている間にも、状況がくるくると動いていく。トラパンおやじは次々といろんなことを口走る。予算教書演説では、少しばかり自粛した。すると

「今までで最も大統領らしかった」などと言われる。予《あらかじ》めハードルを低くしておくとも、褒めてもらうための一つのテクニックだ。トラパンさんにも、それくらいの計算はあるらしい。

アホノミクスの大将は、何やら大阪方面の学校や土地に関わる問題で少し追い詰められている。追い詰められると、たちどころに過剰反応するところが、トラパンさんとそっくりだ。そっくりだが、やっぱり違う。同じ穴の貉《むじな》の同床異夢。それがこの二人の関係だと思う。この辺りを意識しつつ、むじな退治の旅に出なければならない。食傷気分の胃腸の具合を抱えつつも、「ア」の字や「ど」の字を語らずに済む時に向かって、突き進んで行かなければいけない。今回も、どうぞよろしくお願いいたします。

毎日新聞出版の山口敦雄さんには、今回もまた、多大なる忍耐を噛み締めて頂くことになってしまった。末筆そして言葉足らずながら、深くお詫びと感謝申し上げる次第だ。

２０１７年３月

浜　矩子

目次

2章

「アホ」と「トラ」ホントに危険なのはどっち？　41

3章

なぜ排外主義が世界に広がったのか 67

4章

どアホノミクスの大崩壊過程で警戒すべき諸要因　107

5章

日に日に強まるアホノミクスの富国強兵的危険度　149

構成／谷道健太
装丁・装画／ラジカル鈴木
本文レイアウト／光邦

1章

トラパンノミクス恐慌がやってくる

Q1 トランプ政権がグローバル経済に与える影響は？

A

「トランプ恐慌」かもしれない。

アメリカの魂や知性の矮小化

２０１６年11月のアメリカ大統領選の結果をみて思うのは、アメリカの魂や知性が大きく変節し、矮小化《わいしょうか》しつつあるということです。かつてのアメリカには、良い意味でナイーブな楽観主義、人を信じる大らかさがありました。それが消え、非常に内向きになった。エリート層的な位置づけにある人々やリベラル派は、そうした開放的なアメリカ精神が閉ざされつつある状況を敏感に感知することが出来なかった。

もしも、今回の大統領選の民主党候補がヒラリー・クリントンさんではなく、バーニー・サンダースさんだったら違う結果になったかもしれません。サンダースさんとトランプさんは、白人男性を除くと支持層が重なっていました。主流派の政治家たちには、この辺りもしっかり読めてはいなかった。

ただ、関連で一つ注意を要することがあります。それは、サンダース支持者たちの中にも、どうも、トランプ派の人々にみられると同様の不寛容と排他性が存在しそうであることです。民主党側の候補がヒラリーに決まった後も、それを絶対に認めないという姿勢を相当に過激な形で示していましたよね。つまり、トランプ・非トランプを問わず、アメリカの魂が閉ざされつつある状況には変わりがないのかもしれない。要注意です。

それはそれとして、トランプ現象は、やはりとんでもない大事です。トランプさんには政治経験がまるでない。本業は不動産屋さんですがそのほかに「トランプ大学」という営利目的のオンライン講座を運営していたこともあります。その教育内容が看板に偽りありだというので、不満を持つ利用者が詐欺容疑による集団訴訟を起こしたりしています。そうした係争中の案件を多数抱えた状態で、彼は大統領に就任したのです。爽やかなアメリカン・ドリームのイメージとは、あまりにもかけ離れすぎていますよね。

トランプ版「ニューディール」

さて、以上のイメージを踏まえつつ、トランプ主義の経済的衝撃を考えて行きましょう。彼は減税と大型公共事業によるアメリカ経済の大活性化を目論んでいるようです。問題のメキシコとの間に壁をつくるという構想も、彼の大型公共事業構想の一角を形成しているのでしょうか。それはともかく、要はバラマキ財政で経済を元気にしようというわけです。いわば、トランプ版の「ニューディール」ですね。

これをやれば、当然ながらアメリカの財政赤字は拡大しますよね。自然体でいけば、財政赤字の拡大に対応して、アメリカの対外赤字も拡大することになります。なぜなら、アメリカ産業の供給力には限界があります。ですから、公共事業で建設工事などが増えれば、それに伴う原材料や資材需要の相当に大きな部分は輸入増で賄うしかありません。

トランプさんが「グローバルじゃない。アメリカ・ファーストだ」といくら息巻いても、アメリカ経済を元気にしようと思えば、どうしてもグローバルな手助けが必要なわけです。ところが、トランプさんとしては、その手助けを頼むわけにはいきません。トランプ版ニューディールは、結局、輸入を増やすばかりだ。国内の労働者たちはちっともいい思いが出来ないじゃないか。約束が違う。そういう話になっては、トランプさんも大困りです。その事態を避けるためには、保護主義的な通商政策に頼るしかない。つまり、輸入品に高関税をかけたり、輸入数量制限を行って輸入急増を回避するということです。

そんなことをすれば、資材不足でひょっとすると大好きなメキシコとの間の壁も出来なくなってしまうかもしれませんね。いずれにせよ、供給力が足りないところに持ってきて、いわば鎖国状態を作りだしつつ需要を増やすわけですから、どうしても急速なインフレ経済化が進むことになります。その中で、不足する物資が投機対象になったり、不動産バブルが発生するようになる。トランプ・バブルですね。

バブル転じてトランプ恐慌へ

世の中、トランプ・ブーム待望論も強いようですが、まともなブームになる前に、一気にバブル化してしまう恐れが大きい。そして、バブルは必ず恐慌をもたらします。バブルが引き起こした経済活動の歪みは、恐慌をもってしか矯正することが出来ません。かくして、トランプ・バブル転じてトランプ恐慌にいたる。

ただし、結局のところ鎖国路線には進まない可能性もありますね。義理人情とはおよそ無縁な感じのあの人のことですから、いまや、自分をホワイトハウスに送り込んでくれた白人男性労働者層への恩義など、すっかり忘却の彼方にすっとばしてしまっているかもしれません。輸入が増えるのも何のその、経済成長さえ確保すれば「グレートだぜ。文句あっか?」という具合で、もっぱら拡張主義的な財政大盤振る舞いと大企業優遇型の減税路線をひた走る。

別の展開も考えられます。その場合は輸入が増える分、需給逼迫によるインフレは回避されますが、政府の資金需要が強いことには変わりありませんから、高金利にはなる。それに引き寄せられて世界から資金が流れ込む。それはつまりドル需要が強くなることを意味するから、ドル高になる。高金利・ドル高経済ですね。この組み合わせがアメリカ経済の体力を蝕《むしば》む。世界に高金利が伝染する。それについて、世界がアメリカを糾弾する。そんな混迷の中で、やっぱりトランプ恐慌に突入するかもしれない。いずれにしても、大騒ぎになります。

Q2　トランプさんはなぜアメリカ人に支持されたのか？

A

問題は、どういうアメリカ人に支持されたかですよね。

「ビバリーヒルビリーズ」の世界観

トランプ現象を巡る様々な書き物や分析を読んで行く中で、あるテレビ番組のタイトルが頭に浮かんできました。それは、「ビバリーヒルビリーズ」（The Beverly Hillbillies、邦題「じゃじゃ馬億万長者」）です。１９６０年代、私が多感な少女時代をイギリスで過ごしていた時、このアメリカ製のコメディー番組が大いに人気を博していたのです。

ビバリーヒルビリーズは、ビバリーヒルズ（Beverly Hills）とヒルビリー（Hillbilly）をくっつけた造語です。

ビバリーヒルズは、ご存じ、カリフォルニアの高級住宅街です。セレブたちで溢れかえっているスポットです。これに対して、「ヒルビリー」は、田舎者を意味するアメリカ英語です。日本語でいう「山出し」の感じです。この番組に登場する典型的なヒルビリー一家は、一攫千金で巨万の富を手に入れることになりました。要はにわか成金ですね。そこで、せっかくだからというので、ビバリーヒルズに移り住むことにします。そこで、彼らはセレブたちを翻弄し、その鼻を明かしながら、面白おかしく、ばかばかしく、力強く生きていくのです。その向かうところ敵なき姿に、世界の視聴者が毎回溜飲を下げたのでした。今でも、最もみられているビデオの一角を形成しているらしい。

このヒルビリーは、アメリカン・ドリームの一つの象徴ですよね。素朴な働き者たちが、エリート族の鼻をへし折る。このイメージが、人々のハートをわしづかみにする。少しアングルが違いますが、日本で水戸黄門さんや遠山の金さんが不動の人気を誇るのとよく似ていると思います。正義は庶民を裏切らない。そんな世界を夢見ていたのに。それがアメリカのはずだったのに。いまや、ヒルビリーは踏んだり蹴ったりじゃないか。こんなはずじゃない。これがアメリカであるはずがない。そうした困惑と憤懣《ふんまん》で一杯となった人々が、トランプという現象を生み出した。嘆きのヒルビリーズがトランプという人型のつぎはぎ細工に命を吹き込んでしまった。そんな気がします。

何ともやりきれないことに、そもそも、トランプさん本人はヒルビリーではありません。彼のおじいちゃんは、ドイツからアメリカにやって来た苦労人移住者ではあります。ですが、ヒルビリーのイメージと重なるものはありません。そして、ご本人は要するに不動産王のドラ息子です。それは、人々も解っているはずです。それでも、「トランプ＝ヒルビリーの救世主」の幻想にとらわれてしまった。ここが何とも悲しいところです。それだけ、幻想待望感が強かったということなわけですよね。フランスにおけるルペン現象にも、日本における安倍現象にも、同じ面があると思います。

ところで、大統領選の最中、「トランプが勝ったらカナダに移住する」と公言するアメリカ人が何人も出現したようですね。いざトランプ勝利が決まると、カナダ政府の移民情報サイトがパンクするといったニュースも飛び出しました。そういえば、２０１６年、「カナダこそリベラリズムの最後の砦」という趣旨の特集をイギリスの『エコノミスト』誌がやっていたことを思い出します。

その中に「カナダは多くの人たちが忘れかかっていることを思い出させてくれるありがたい存在だ。つまり、寛容さと開放性があるからこそ安全と繁栄が成り立つのであって、それらが安全と繁栄を阻害するわけではないということだ」（同誌２０１６年10月29日号）というくだりがあります。その通りですよね。「今や本当のアメリカン・ドリームはカナダにある」というアメリカ人の声がメディアに登場するような状況もあります。カナダがあって良かった。そう思っているアメリカ人が、いまや、多そうです。

今のアメリカに救いがあるとすれば、その救いはトランプさんを生んだアメリカを嘆き、そのことへの拒絶感を表明し続ける人々の存在です。大統領就任の直後から反対デモが各地で起きています。女性たちのデモが驚くべき人数を動員したことも心強い。

パックス・アメリカーナの幻影

それでも、ひとまず、トランプが大統領の座に就いてしまっていることには変わりがない。この結果をもたらしてしまった前述のヒルビリー現象の背景には、思えば、パックス・アメリカーナの幻影というものがあるかもしれません。

パックス・アメリカーナ、すなわちアメリカがいわば世界の救世主的位置づけにあると目されていたのは、ざっくりいえば、1945年から1971年までといえるでしょう。

1945年は戦後時代の出発点です。この時は、第二次大戦の焼け跡から、独り若きアメリカのみが事実上無傷で浮上しました。だから、おのずと救世主役を果たすことになった。１９７１年はニクソン・ショックの年です。この年の8月15日に、ドルの金交換が停止された。この日をもって、ドルは通貨の太陽系における太陽の位置づけから転落し、普通の通貨になりました。ドルが通貨の太陽の位置づけを保てなくなったことが、パックス・アメリカーナの終焉を告げていました。

パックス・アメリカーナ時代のアメリカは、自分のことだけ考えていれば、それが自ずと世界のためにお役に立つことが出来ていました。アメリカがドルを援助や投資などに送り出してくれれば、それで世界が焦土となった国土の再建を進められる。その再建に必要な資材や機械などのモノを、彼らはアメリカが提供してくれたドルというカネで買う。だから、アメリカは輸出主導型成長を実現出来る。アメリカが成長すればするほど、アメリカが世界に提供出来るドルの量が増えていく……。アメリカが自らを豊かにすればするほど、そのおかげで世界も豊かになれた。これがパックス・アメリカーナ時代の経済循環でした。面白いですね。この間、アメリカはひたすら「アメリカ・ファースト」で突っ走っていた。ところが、そのことが世界の救世主となることにつながっていた。「自分さえ良ければ」を追求することで、「皆さんのために」

もなっていたわけです。これが歴史的に「パックス何某」といわれてきた存在（ローマ帝国や大英帝国）に固有の特徴だといえるでしょう。いくら無神経でも、人の痛みが解らなくても、伸び伸びと自己展開さえしていればいい。これがあの当時のアメリカでした。「アメリカ・ファースト」と絶叫する必要など全くなかった。自然体でやっているだけ。しかも、それで人助けが出来てしまう。「我ら、すごい」、そんな感覚が、あの「ビバリーヒルビリーズ」の中にも、そこはかとなく漂っていたと思います。

今、トランプ・サポーターとなっている人たちに、パックス・アメリカーナ時代の体感があるわけではないでしょう。世代的にいってもね。でも、どこかにあの時の肌感覚を受け継いでいるものがある。「ビバリーヒルビリーズ」の見すぎかも？　それはともかく、アメリカがムキになって「アメリカ・ファースト」と言わなくても、おのずとそれが実現し、それがアメリカ以外の世界にも恩恵を施していた時代があったということが、社会的・歴史的幻影となってアメリカの魂を妙に揺さぶっている。そんな感じがします。トランプおやじのようなタイプの人が「アメリカ・ファースト」と絶叫し、それに期待をかけなければならない。そこに、今のアメリカの根底的な悲哀があるのかもしれない。

Q3 トランプ大統領の就任演説で明らかになったことは？

A

トランプさんによって「アメリカン・ドリーム」が書き換えられた。

格調の低い大統領就任演説

２０１７年１月20日の彼の大統領就任演説の模様はテレビ中継で見ました。あそこまで単純で、あそこまで格調の低い大統領就任演説は、たぶんアメリカ史上初めてではないでしょうか。話していた時間も短かったですね。あまり長くはしゃべれないのでしょう。

時折、妙にドラマチックなくだりが出てくるのも、少し笑えました。ravage（破壊）とかcarnage（虐殺）とかいうとても過激な表現で今のアメリカを語っている。こういう単語をこの人が知っていたのか、と思ったりもしました。誰かに教えてもらったのか？　こういう表現がいかにも唐突に出て来るところにも、自前のトランプ部分とスピーチライター担当部分の切り貼り接続がどうも上手くいっていないようなイメージを持ちました。〝rusted-out factories scattered like tombstones across the landscape of our nation〟（錆びついた工場があちこちに、まるで墓石のように我が国土の景色となっている）なんていう箇所もありましたね。あれも、スピーチライター担当部分をトランプさんが必死で覚えたような感じがしました。木に竹を接《つ》ぐというか、木に竹を接ごうとして失敗したというか。

何という時代逆行！

そうした構造的稚拙《ちせつ》さもさりながら、内容的にも、〝Protection will lead to great prosperity and strength〟（保護主義が偉大な繁栄と強さをもたらす）には仰天しましたね。何という時代逆行！

ちなみに、１９３０年代半ばまでのアメリカは、ひょっとするとトランプさんさえびっくりするかもしれないほどの保護主義大国でした。１９３０年関税法（通称スムート・ホーリー法）がその端緒です。この法律によって、２万品目におよぶアメリカの輸入品に対して、一気に平均50％近い関税引き上げが実施されたのです。これによって、アメリカの関税障壁は、当時の通商常識では想像を絶する禁止的高さのものとなりました。トランプさんがメキシコとの間につくると言っている物理的な壁よりも禁止的効果が強かったかもしれません。この辺りの歴史をトランプさんに教えてあげると危険ですね。黙っておかないと。もっとも、歴史のレッスンなど、およそ大嫌いそうではありますから、大丈夫でしょう。

それはともかく、１９３０年代半ばにさしかかるところで、このアメリカの超保護主義的通商姿勢に大きな転機が訪れたのです。その結果が、「１９３４年互恵通商協定法」でした。この法律の成立をもって、アメリカは高関税政策の打ち止めを宣言し、開放的な通商姿勢へと舵を切ったのです。

今日の状況との関係で、あの時のアメリカの姿勢転換はとても示唆的だと思います。１９３０年代半ばのアメリカは、なぜ、保護主義を止めたのか。それは、輸出を伸ばしたかったからです。当時のアメリカは、ニューディール政策の一環として諸産業の生産力増強を進めていました。その結果、多くの産業が生産力過剰状態に陥ってしまったのです。過剰化した生産力を国内需要だけでは吸収出来ない。したがって、どうしても輸出を伸ばしたい。ところが、アメリカが他国からモノを買うことを拒否しているのに、他国がアメリカからモノを買ってくれるわけはない。これでは、自分で自分の首を絞めているようなものだ。そこに気がついて、アメリカは対外的な市場開放に踏み切ったわけです。アメリカは皆さんからモノを買います。ですから、皆さんも、どうかアメリカからモノを買って下さいませ。そういうわけでした。

要は、「情けは人のためならず」の論理でした。あの時のアメリカは、輸出できないと困るから、保護主義を引っ込めた。今のアメリカは、逆に輸入できないと経済が回らなくなるでしょう。何しろ、メキシコとの間につくる壁も、そのためのセメントはメキシコから供給してもらわなければいけないかも、というような状況なのです。巨大な輸入依存経済が輸入を遮断することは、明らかな自殺行為ですよね。かつて、巨大な輸出依存経済だったアメリカが、自ら輸出の進路を断つことの愚かさに気がついた。それと同じように、トランプさんのアメリカも、自らの過ちに気づくことが出来るでしょうか。あの時のアメリカは若者でしたから、存外、素直に姿勢を転換出来たのかもしれない。史上最年長大統領のトランプさん、しかもあの性格で、素直な姿勢転換が果たして可能か。

頭の中が1960年代

史上最年長大統領は、どうも、現状認識にも古いところがありますね。例えば、トランプさんは大統領就任直後に日米の自動車貿易についてこんなことを言っています。

「例えばの話、我々が日本に車を売ろうとして、彼らが我々の車の日本での販売が不可能になることをしたとすれば、それは話し合わないといけないだろう。それはフェアではないからだ」（２０１７年1月23日、ホワイトハウスでフォード・モーターなど米企業との会談で）

つまり、日本には「非関税障壁」があると匂わせたのです。非関税障壁を巡る日米通商摩擦は、１９７０年代から１９８０年代前半辺りに最も熾烈《しれつ》を極めていました。日本の対米「集中豪雨型」輸出から日本市場の「閉鎖性」へと、日米二国間貿易の焦点が移りつつある時期でした。

アメリカにとって１９６０年代までは、日本といえば「ワン・ダラー（1ドル）・ブラウス」やブリキのおもちゃを売りつける国というイメージでした。１９７０年代になって日本市場が大きくなってくると、日本の厳格な衛生基準や技術基準、あるいは独特の商慣習、はては日本語までが、アメリカ製品の日本市場への参入を阻む「非関税障壁」だといわれるようになりました。

日本人は潔癖すぎるという苦情も、あの当時は欧米からよく出てきましたね。「縫い目のところで模様がずれている。そんな美的センスに欠けるアメリカ製の洋服は日本では売れない」とか「フロントライトにペンキが天眼鏡で見ないとわからないぐらいちょっとでもついていたら、日本では欠陥車」といわれる。そんな過剰品質に意味はないというわけです。本当に日本で商売をする気があるなら、そんな過剰品質も必死で乗り越えればいい。もっとも、この辺は、彼らの言い分も少しはわからないこともない。そこへいくと、「車のハンドルの位置がアメリカと違うのは非関税障壁だ」などというのは、笑うしかない「対日批判」でした。

自動車貿易を巡るトランプ発言をみていると、何やらとっても復古調な対日批判が過去の引き出しの中からどんどん飛び出してきそうな気がしてきます。

こうして考えてくる限りでは、確かにトランプさんは過去のアメリカを復活させたがっているようにみえる。頭の中が１９６０年代。せいぜい１９８０年代前半くらいまでで立ち止まっているようにみえます。ただ、決してそれだけではない。繰り返しになりますが、かつてのアメリカは決して「アメリカ・ファースト」と必死に叫ぶアメリカではなかった。戦後の舞台に、キラキラの新人として躍り出たわけでしたので、何も「自分最優先」を懸命に主張する必要はなかったわけです。周囲の脇役たちが「あなた、希望の新星なんだから好きなようにやって下さい。それでみんなが助かるんですから」と言ってくれる時代でしたから。今は、もはやその時代ではない。アメリカも輸入出来なければ生きていけない。メキシコの助けが無ければ、メキシコとの間に壁をつくれない。

書き換えられた「アメリカン・ドリーム」

こうした中でしゃにむに「アメリカ・ファースト」を絶叫する史上最年長の大統領は、アメリカン・ドリームという最もアメリカ的な概念を、完全に書き換えてしまっている。その意味で、彼の問題は時代錯誤でさえない。時代不適合的幻覚症という感じでしょうか。アメリカン・ドリームという言葉は、「どこからどんな人でもアメリカに来たら幸せになれるよ。みんなアメリカにおいでよ。誰でも夢が叶う場所にようこそ!」という響きを持つものであったはずです。その開放性とおおらかさに世界が魅了された。もともと移民の国ですからね、そういう魂を持っていたのも当然です。

かの新島襄《にいじまじょう》先生（同志社大学の創設者）だって、アメリカのアマースト大学に驚異的な温かさをもって抱き止められた。アメリカン・ドリームの包容力が同志社大学の創設を支えたといえる面があるのだと思います。

トランプさんのアメリカに、アメリカン・ドリーム無し。むしろ、そのように考えた方がいいでしょう。アメリカン・ドリームはアメリカのためだけのもの。この夢をよそ者が共有することは許さない。何しろ、バイ・アメリカン（愛国消費）とハイヤー・アメリカン（愛国雇用）が彼のスローガンですからね。アメリカン・ドリームも、随分とケチ臭いものに書き換えられてしまいそうです。アメリカは、アメリカン・ドリームをトランプ現象から救出することが出来るでしょうか。

Q4 アメリカの次に世界の覇権国になるのは中国？

A

どの国も覇権国にならない。

トランプさんは「引きこもり型」

覇権国の時代は、グローバル時代の到来とともに終焉した。そう認識すべきなのだと思います。ヒト・モノ・カネがここまで容易に、頻々《ひんぴん》と、そして方向性定まらず国境を越える時代において、一つの国家が覇権を独り占めすることは無理でしょう。グローバル時代は、みんなで生きていくしか生き方がない。ところが、そのことになかなか人々が気づかない。あるいは、気づきたくない。この認識の空白をめがけて、トランプさんやルペンさんやプーチンさんや習近平さんや安倍晋三さんが国家主義の様々なおまじないを吹き込もうとしている。今は、そんな状況なのだと思います。

注意を要するのは、トランプ的な国家主義は決して覇権主義ではないということです。何しろ、「アメリカ・ファースト」ですからね。世界の警察官なんかにはなりたくない。アメリカさえ良ければいいのだ。こういうわけですから、トランプ的国家主義は、とても引きこもり型です。覇権などには、およそ関心がない。にもかかわらず、「アメリカを再び偉大にする」と言っているところが訳がわかりませんが、まぁ、こういうところの整合性にはあまり関心がないのでしょうね。既にＮＡＴＯ（北大西洋条約機構）の存在には疑問を呈したりしていますが、そのうち、ＩＭＦ（国際通貨基金）やＷＴＯ（世界貿易機関）からも脱退だとか、果ては国連にも、「おさらばだ」と言い始めるかもしれませんね。

覇権目指す中国の厳しい内情

いずれにせよ、グローバル時代に覇権主義は似合わない。

ただ、「次は中国か」という問いかけは面白いですね。それなりに覇権願望を抱いていることは事実でしょう。国内の経済運営が本当に難しい正念場に来ていますし、政治的にも共産党一党独裁を続けることと、一つの国として中国を切り盛りしていくこととの間の矛盾が極まりつつある。一党体制対一国体制の相克状態ですね。この相克を解消するためには、一党体制の一国が覇権を掌握する必要がある。そんなことが習近平さんの頭の中を去来しているかもしれない。

だからこそ、トランプさんの大統領就任の直前、習近平さんは例のダボス会議に乗り込んで、グローバル時代の守護神は中国なり、という風に大見得を切ってみせたのでしょう。アメリカが引きこもりを決め込むなら、それで空席となる「覇権席」は中国が埋めましょう。いかにも、そう言いたそうなスピーチをしていました。

しかしながら、内情は大変です。中国の政治経済的先行きに不安を抱いた富裕層が、カネをどんどん中国の外に持ち出そうとしている。資産保全のための対外投資が様々な形で激増するようになりました。その流れを抑え込もうとして資本流出規制をすれば、その政策がますます不安をあおり、規制をかいくぐった資本流出がますます加速する。ビットコインが資本の海外持ち出しのための「乗り物」として使われる場面もありましたね。カネが国外に流出すればするほど人民元の為替相場は下落する。相場が下がれば下がるほど、それを嫌気《いやき》したカネの国外流出が加速する。どうにもならない悪循環を阻止すべく、中国は必死で為替市場でドル売り人民元買いの介入を進めてきました。そのおかげで、中国の外貨準備高は激減することになりました。

こんなにまでして人民元安を阻止しようとしているのに、トランプさんから「中国は不当な人民元安操作をやっている」などと言われてしまって、これにはさぞや中国も当惑したでしょう。こうした混沌状態の中で、外に向かっての覇権構築に関心が向くのは、国家というものにありがちなことです。しかしながら、いまや、覇権主義の時代ではない。誰が一番偉いか、誰が一番強いのかを巡るケンカの時代は過ぎたということです。それが一番解っていない、あるいはそれを一番解ろうとしないのが、実はアホノミクスの大将だと思いますが、この点については、後章でまた取り上げることになりますね。いずれにせよ、子どものケンカはもう古い。

オバマ前大統領の見識

それが一番良く解っていたのが、オバマ前アメリカ大統領だと思います。２００９年の大統領就任演説の際、彼は「我々は若い国であり続けるが、聖書の言葉にあるとおり、今や子どもじみた振る舞いと決別する時なのだ」（２００９年1月20日、就任演説）と言いました。

「子どもじみた振る舞いとの決別の時」は新約聖書の中にある「聖パウロのコリント人への手紙」の一節から引用したフレーズです。まさに、覇権争いという子どもじみた振る舞いから、グローバル時代を生きる我々は決別しなければならない。

そのことが、オバマさんには解っていたということです。彼のおかげで、アメリカはようやく本格的に21世紀に足を踏み入れることが出来そうになった。ところが、「アメリカ・ファースト」おやじの出現によって、１９３０年代前半の世界に逆戻りとなってしまうのか。アメリカのヒルビリーたちが、そのことの怖さ危険さに目覚めてくれる時が果たして来るか。トランプ的に書き換えられた「アメリカン・ドリーム」ではなくて、本当の「アメリカン・ドリーム」が解るヒルビリーたちなら、その目覚めに到達するはずです。その時がなるべく早く来ることを懸命に祈らなければ。

2章

「アホ」と「トラ」ホントに危険なのはどっち？

Q5 トランプさんと安倍さんのどちらがタカ派？

A

拡張主義的な傾向は明らかに安倍さん。

「戦後レジームからの脱却」の意味

ホントに危険なのは、トラさんよりもアホさんの方だと思います。前述の通り、トランプ主義は引きこもり主義です。それに対して、安倍政権からはどうも拡張主義的な野望が感じられて仕方がない。現に「戦後レジームからの脱却」を目指すと宣言しています。戦後から脱却するなら、行き先は戦前しかない。つまり、大日本帝国の世界です。大日本帝国は大東亜共栄圏の形成を目指した。いみじくも、2015年4月29日、アメリカ連邦議会に赴いての演説で、安倍首相は次のように話しています。

「TPP（環太平洋パートナーシップ協定）は経済的利益をはるかに超えたものです。それは我々の安全保障にも関係します。長期的には、その戦略的価値は驚異的です。我々は決してそれを忘れてはなりません」。

「戦略的価値は驚異的」の部分は、英語で〝its strategic value is awesome〟と言いました。外務省による和訳は「安全保障上の大きな意義がある」でニュアンスが大きく変わってしまいます。対外的な経済関係に戦略的価値を見出す。この発想はとても怖い。この発想に駆り立てられて、両大戦間期の国々はブロック経済圏の形成を目指したわけです。国々の経済連携関係に戦略的価値を見出すというのは、まさしく戦前的価値観です。さすがに戦後レジームからの脱却を目指す人ですね。

ＴＰＰを大東亜共栄圏づくりの足掛かりにしている。そんな雰囲気が伝わってきます。そうであれば、トランプさんがＴＰＰから「一抜けた」と言ってくれたことは、彼にとってとても好都合でしょう。

目指すはパックス・ジャポニカ

いみじくもトランプ就任演説と同日に行われた安倍さんの国会冒頭施政方針演説では、彼が首相に就任して以来、初めて外交安全保障政策が冒頭に出てきました。彼が大好きな「地球儀を俯瞰する外交」への言及が当初から登場しました。そして、次のようなくだりも飛び出してきました。

「ＡＳＥＡＮ、豪州、インドといった諸国と手を携え、アジア、環太平洋地域から、インド洋に及ぶ、この地域の平和と繁栄を確固たるものとしてまいります」。これがすごい。さながら「目指すはパックス・ジャポニカなり」という感じですよね。こうした前傾姿勢がここまで露骨に出たのも、今回の施政方針演説が初めてです。アメリカが引きこもり型になったので、そこに生じた空白を狙う。この辺りは、前出の習近平さんと共通するものがありますね。あたかも習さんのダボス会議スピーチの向こうを張ろうとするがごとく、次のようにも言っています。

「自由貿易の旗手として、公正なルールに基づいた、二十一世紀型の経済体制を構築する。ＴＰＰ協定の合意は、そのスタンダードであり、今後の経済連携の礎となるものであります」。

同床異夢の同じ穴のむじな

こうしてみれば、やっぱり、安倍さんはトランプ大統領の出現を好都合だと思っているとしか考えられませんよね。

オバマ大統領時代までのアメリカは、日本があまりにアジアで突出することを警戒していたと思います。「中国とも仲良くしてほしい」というシグナルも送っていました。

韓国との関係も慰安婦問題をうまく収め、アジアの友好的平和を維持してほしいというメッセージがあったと思います。

トランプさんなら、そんなことは言わない。そういうことはどうでもよくて、「アメリカ・ファースト」だけが全てなわけですから、とってもやりやすい。思い切り大東亜共栄圏を目指せる。この感じが今回の施政方針演説の中ににじみ出ていると思います。

その意味では、安倍さんは、決してトランプさんにすり寄っているわけではない。現象的にはそうですが、それはトラさんが自分にとって都合のいい人だからで、一緒にいると、本当に心底楽しいのではないでしょうかね。これほど、同床異夢をお互いに楽しめる同じ穴のむじな同士も珍しい。

安倍さんは戦後レジームが嫌なのですから、日米同盟も本質的には嫌なはずです。トランプさんも、双方接待ゴルフは楽しいけど、別に日米同盟に高邁な意義を見出しているわけではない。アメリカの中に引きこもりたいトランプさん。アジアに向かって君臨力を強めたい安倍さん。前者が「アメリカ・ファースト」なら、後者は「ジャパン・アズ・ナンバーワン」です。前者は、どちらかといえば「さらば、パックス・

アメリカーナ」で、後者は「こんにちは、パックス・ジャポニカ」の鼻息です。どっちがより危険かは一目瞭然でしょう。

こうしてみれば、オバマ政権の末期になっての安倍さんの真珠湾行きも、その意図がみえてくる気がしますね。あの訪問で、「戦後レジームからの脱却」が完結した。彼はそのように思いたいのじゃないでしょうか。そこにケリをつけることが出来た。だから、これからは一気に大日本帝国への先祖返りを目指していこう。こういうことなのではないでしょうか。

日本は一番大人でないといけない

韓国との対立は一番踏み込んではいけないところだと思います。韓国とも中国ともいかに上手に大人の付き合いをするかが日本外交の最大の勘所《かんどころ》でしょう。日本が一番大人でないといけない。そういうと偉そうな感じになりますけれど、過去のそれこそ子どもじみた振る舞いを決して繰り返さないためには、やはりそうでしょう。上手にケンカを回避し、ともに仲良く生きて行く筋道を常に探る。それが日本の役割ではないでしょうか。ギクシャクが発生すれば、筋を通すことは必要です。ですが、相手を慮《おもんぱか》ることも、極めて重要。万事は全て度胸と愛嬌。この両者をいかに上手にブレンド出来るかが、一般的にいっても外交の勘所ではないかと思いますし、日本のアジア外交においてはことのほかしかりでしょう。

ちなみに、トランプさんは度胸ばかりで愛嬌なしですね。気に入った相手には愛嬌を振りまくのでしょうが。でも、それは子どもの愛嬌で、ホントの愛嬌ではない。いみじくも、聖書の中に「自分を愛してくれる人を愛したところで、あなたにどんな報いがあろうか。……自分の兄弟にだけ挨拶したところで、どんな優れたことをしたことになろうか」というイエス・キリストの言葉が出て来ますよ（マタイによる福音書5.46～47）。

メルケル首相の良識と忍耐

対比でいえば、ドイツのアンゲラ・メルケル首相は、言いたいことはそれこそ山のようにあると思いますが、それを言わず難民を受け入れようとする。そしていかに不評を買っても本筋は変えようとしない。ドイツが子どもっぽい振る舞いをしたら終わりだ、と本当によくわかっているのです。

彼女の死ぬほどの忍耐によってEU（欧州連合）はかろうじて維持できている。なかんずくユーロ圏は本当に首の皮一枚でつながっているという感じです。それもこれも、メルケルさんの良識と忍耐と大人ぶりがなせる業《わざ》だと思います。その彼女が2017年秋の選挙で敗北するとなると、欧州の危機はさらに深まる。いずれにせよ、一番怖いのは政治家たちの拡張主義的野望です。引きこもり的排外も、もとよりまずい。だが、よりタチが悪いのは拡張主義です。

Q6 トランプさんと安倍さんに共通点はある？

A

それは幼児的凶暴性。

我慢できない性癖

二人はとてもよく似ていますね。我慢が出来ない。やられたと思ったら、すぐやり返そうとする。たいしてやられているわけでもないのに、すぐ防御的なパニックに駆られて「だまれ」とか「すわれ」という類のことを言ってしまう。少し突っ込まれると「時間の無駄」などと口走る。幼児的凶暴性という言い方は、幼児に対してとても失礼ですが、この「我慢が出来ない」という性癖は、やはり大人でないことの証拠ですよね。ゆとりの無さも、幼児性のもう一つの側面ですね。心にゆとりがないから、すぐイライラしたり、怒ったりする。もちろん、人が言うことをじっと聞いているとが出来ない。だから、「早く質問しろよ」などと言ってしまう。胆力不足は大人力不足の表れです。

ただ、問題は、この幼児的凶暴性というものが、その単純さと過激さのおかげで時として一定のアピール力を持ってしまうということです。熟慮なき決めつけや犯人探し。それが、人々の疲れた魂をわしづかみにしてしまう。こういうことが積み上がって次第に排外的な全体主義国家が出来上がっていってしまう。これが怖い。

類は友を呼ぶ

幼児的凶暴性は、それ自体が危険物ですが、もう一つ、見逃してはいけない問題があると思います。それは、「類は友を呼ぶ」効果です。幼児的凶暴性をもって被害者意識の塊になっていたり、征服欲に駆られたりしている人が一人いると、その周りには、様々な恨みつらみや野望願望を抱いた有象無象が集まって行きます。その中には、言葉巧みな者たちもいれば、ケンカ巧者も悪知恵力が突出している人々もいる。それらがよってたかって、例えば「3本の矢」とか、「一億総活躍」とか、「働き方改革」などという旗指物を翻す。「アメリカ・ファースト」などという覚えやすいスローガンを繰り出してくる。この力学がとても危ういですね。チーム・アホノミクスの面々も、チーム・トラさんの面々も、やっぱり明らかに共通点がありますよね。各自各様の幼児的凶暴性をもっている。ホワイトハウスのショーン・スパイサー報道官とか、大統領顧問のケリーアン・コンウェイさんとかね。日本の菅義偉官房長官なども、凶暴性が派手に前面に出ているとは言えませんが、大人の真摯さとか誠意をもって記者会見に臨んでいるとはとうてい思えない。

単純な言葉で人々を丸め込もうとする。そういうところも、二つの幼児的凶暴性チームに共通するところだと思いますね。前述の「3本の矢」等々がそれです。政策は複合的で複雑な問題を解決しなければいけません。したがって、必ずしも単純なフレーズやキャッチーなスローガンにはなじまない。時としては、わかりやすさを犠牲にしても、問題の本質に迫る言葉と時間を費やして政策責任者たちが自分たちの理解をまずは深めるために努力する。そして、その結果を国民に対して、やっぱり言葉と時間を費やしてご報告申し上げる。この姿勢が必要です。

ちなみに、近頃の政治家たちは、国民に対して「丁寧に説明する」という言い方をよくしますが、そもそもこの姿勢がいけませんね。説明ではありません。報告です。彼らは国民に奉仕する位置づけにあるのですから、ご報告申し上げ、お伺いを立てるという基本姿勢でなければいけません。「自分たちはこう決めた。今から決めたことの内容をわかりやすく説明してやる。だから、耳の穴をかっぽじってよく聴けよ」。これではいけません。トランプさんにもこの感じが多分にありますよね。

単純な言葉で人々を翻弄する。これは、とても全体主義的なやり方です。言葉が単純になれば、人々の頭の中も単純になる。「短くて解りやすい」ことばかりに慣れてしまうと、人々は次第に思考停止に陥ります。思考停止に陥っている者たちはコントロールしやすい。マインドコントロールしたい相手からは、まず言葉を奪うこと。どこかに、そんなマニュアルがありそうです。もっとも、幼児的凶暴性男たちの周りには、そんなマニュアルづくりに日々注力している人々の組織があるのかもしれませんよ。

Q7 なぜ事実に反したことを口にするのか？

A

それもやっぱりお子ちゃまだから。

「ポスト・ホント」「オルタナ事実」

選挙戦中からウソをネットで広める「ポスト・トゥルース」の動きに批判が上がりましたね。トランプ政権が発足後もトランプさん本人や側近たちが客観的事実に反する発言を繰り返し、メディアが批判を強めています。追及された際、前出の大統領顧問ケリーアン・コンウェイさんが、「オルターナティブ・ファクツ」（もう一つの事実）という怪しげな言葉を口走って傷口を広げる場面もありました。「ポスト・ホント」だの「オルタナ事実」などが飛び交うようになっては、世も末ですね。

前記のQ６の中でも言及していますが、スパイサー報道官やコンウェイさんは何かにつけてメディアに対してすぐケンカ腰になりますね。こういうところにも幼児的凶暴性が出てくるわけです。自分たちがつくり上げた虚構的「オルタナ世界」を受け入れない者たちに対しては、取りあえず開き直ることをもって対応する。それが彼らの標準行動規則になっているようです。

ここで、オバマ政権下で副大統領を務めたジョー・バイデンさんの一言が思い出されます。トランプさんが上院民主党指導部とツイッターで罵《のの》り合っていることにコメントを求められ、〝grow up〟（大人になれよ）と言った（2017年1月5日、米公共放送PBSのインタビュー）。最高の名言ではなかったかと思います。

トランプさんも、言ったことを言っていないとか、言っていないことを言ったとか、その類が結構ありますね。都合が悪くなると「そんなのは知らない！　言ってないもん！」。やっぱり幼児的。

事実を度外視、不正確な主張

事実を度外視して平気で不正確な主張をする点は、安倍さんも似ています。東京五輪を誘致する際は、こんなことを言いました。

「福島について心配する人もいるかもしれません。私が保証します。事態はコントロールできています（the situation is under control）」（2013年9月7日、ブエノスアイレスの国際オリンピック委員会総会で）。

2017年の施政方針演説でも、福島に言及しています。

「原発事故により大きな被害を受けた浜通り地域は、今、世界最先端の技術が生まれる場所になろうとしています」。

これらの発言を、現地の皆さんがどんな思いで受け止めているか。そこにどうして思いが及ばないのか。この無神経さには、トランプ的幼児性よりもさらに暗いものがあると思います。この面でも、やっぱりこっちの方が、タチが悪い。そう感じてしまいます。

メディアは一切無視すべき

二人ともメディアに対してもかなり敵対的な言動がありますが、この際、メディア側がそれらを一切無視してみたらどんなものでしょう。トランプさんがツイッターに何か書き込むと、メディアが一斉に報じることも、本人の虚栄心を満たす効果を果たしている。

安倍さんも同じでしょう。メディアが「アベノミクスとは何か」と大特集を組んだりして、普及に協力してきてしまった面はありますよね。メディアが知らん顔をするのもありではないでしょうか。メディア側からの報道ボイコットです。トランプのトの字も、安倍のアの字も報道しない。無視されるのは怖いことですからね。

もちろん、メディア側の判断による報道は重要ですが、少なくともトランプさんがツイッターでああ言ったこう言ったというのを一々報じるのは、もうやめてもいいんじゃないでしょうか。記者会見に誰も行かないとか。それもまた、メディアの本領発揮、腕の見せどころなのではと思います。

記者会見はその人の人柄や知性がさらけ出されるものです。だからでしょうね。トランプさんも安倍さんも記者会見はすごく苦手そうです。一方的にしゃべるのはいいけど、追及されると急にカーッとなる。それだけひるんでもいるのでしょう。

安倍さんもトランプさんも結構、蝶よ花よと育てられたのでしょうね。「お山の大将になるんですよ」という雰囲気の中で大きくなった。

思えば、安倍さんもトランプさんも、閣僚たちとの関係がどうも比較的希薄ですよね。トランプさんは前記の二人を始めとする側近たちとの間で何かにつけて過激な路線がつくり上げられ、打ち上げられていく。その後を相対的には大人度の高い閣僚たちが慌てて火消しのために走り回ることになる。そのような構図が定着し始めていますね。安倍さんの場合には、様々な「会議」の中で物事が決められていく。「働き方改革実現会議」やら「規制改革推進会議」やら「未来投資会議」やら……。キチンとした組織体制の中で手続きを踏んで物事を議論し、決定していく。総意を形成したり、見定めたりしていく。これがどうも苦手のようです。これまた、大人の務めですよね。

自分がやりやすい仲間とやりやすい形で、偉そうな顔が出来る環境で話を進めて行ってしまう。これに慣れてくると、「オルタナ事実」も「ポスト・ホント」も、全く違和感なく活用することが出来るようになってしまうのでしょう。

Q8 なぜ安倍さんは米入国禁止令に反対しなかったのか？

A

人の痛みがわからない人だから。

明らかな人権侵害

トランプさんは大統領に就任早々、特定国からの入国や難民受け入れを一時停止するための大統領令を打ち出しましたね。これを「ムスリム・バン（Muslim ban）」「トラベル・バン（Travel ban）」という形でアメリカのメディアが報道しました。ちなみに、ここでまたまたポスト・ホントあるいはオルタナ事実的問題が発生しました。例のスパイサー報道官は、記者会見の場で今回の措置が「ムスリム・バンではないし、トラベル・バンでもない」と繰り返し強弁しました。「バン」すなわち禁止措置ではないというのです。ところが、大統領令を出した直後にトランプ大統領自身が「バン」という言葉を使っていたのです。

「もしバンの発動を1週間前に予告したなら、その週のうちに〝悪者〟が我が国に殺到していただろう。世界には悪い〝奴ら〟がいっぱいいるんだ！」（2017年1月30日、ツイート）という具合です。いくら「オルタナ事実」を駆使しても、これはちょっとどうにもなりませんよね。

それはともかく、この「バン」は、明らかな人権侵害ですよね。人々の移動の自由をこういう形で強権的に制約することは許されないことです。

トランプさんは大統領令でシリア難民についてはこう書いています。

「シリア国民の難民としての入国は、アメリカの利益に有害であると宣言する。難民受け入れ事業にしかるべき変更が加えられ、シリア難民の受け入れが国益に合致するものと大統領が確認できるまで、かかる者の入国は中止する」（大統領令１３７６９号）。

これでは、事実上の無期限受け入れ拒否につながりかねません。

トランプさんは大統領選の最中から「イスラム教徒の全面的、完全な入国禁止」を主張していました。その期間は「アメリカの指導者たちが一体何が起きているのか調べきるまで」としていました（２０１５年12月７日、サウスカロライナ州マウントプレザントでの演説で）。

つまり、「調べてみたら大変なことだとわかった」として、バンを続けることだってあり得るわけです。

バンの発動後、裁判所はその効力を差し止めました。これにより、バンの対象者は再びアメリカ入国を認められるようになりました。けれども、トランプさんは手を変え品を変え、バンを再導入したい意向でした。そして、トランプさんは、２０１７年３月６日に新たな入国禁止令に署名しました。

いずれにせよ、せっかくアメリカの空港にたどり着いた大勢の人が身柄を拘束され、人によっては出発地に戻る飛行機に乗せられ、あるいは出発地の空港で足止めをくらいました。入国ビザを持っていたどころか、人によっては永住権を持っていたにもかかわらず、行動を制約されたのです。

怒りの声を上げるべき

非常に前近代的で、野蛮な独裁国家がやるようなことです。あるいはそれよりもっとひどいかもしれない。日本がどのような影響を受けるか、といったことはさておいて、怒りの声を上げないといけない。実際には日本政府は批判を何一つ言っていません。日本はシリア難民をほとんど受け入れていないので声を上げにくいとか、今トランプさんを怒らせたくないとかいう事情があるのでしょう。何はともあれ、怒ることが絶対的に必要なテーマです。息を飲むような人権侵害だと思います。

イギリスのテリーザ・メイ首相は、バンの直前に訪米してトランプ大統領と会談した時、トランプさんと手をつないだ場面をテレビに放映され、蜜月ぶりをアピールしたのかと言われました。そのせいか、すぐにはバンを強く批判できなかったのは嘆かわしい。もっともあれは手をつないだというより、トランプさんが支えを求めて彼女の手にすがったように映像では見えましたが。それはそれとして、すぐには何も言えなかったメイさんも、その後に、あれは同意出来ることではないという趣旨の声明を出しましたよね。安倍さんはだんまり一筋。バンの対象者たちは血も凍るような、身が裂けそうなほど、怖く、悲しい思いをしました。人々を平気でそんな目に遭わせるトランプ的感性に実に大きな問題があると思います。本当にここまで人の痛みがわからない奴なのか。それが余すところなく前面に出た場面でしたね。人のために泣けない。人の痛みがわからない。これぞ、幼児性の極みです。

チーム・アホノミクスの大将も、人のために流す涙は持ち合わせていなさそうです。どんな政治的都合があろうとも、移民・難民に対するあの仕打ちに対しては、とりあえず疑念や怒りを声に出さずにはいられない。そういう思いに駆られる面はまるでなかったのでしょうかね。カナダのジャスティン・トルドー首相やドイツのメルケル首相は、本当に素直に愕然《がくぜん》としたし、怒ったし、胸を抉《えぐ》られるようないたたまれなさを感じた。その思いを表明するために、彼らはちゃんと声明を発しましたよね。それをしたからといって、今後一切、トランプ政権と話をしないというわけではない。実際に、その後、トルドー首相は訪米しましたよね。ケンカ別れか仲良しか。その二つに一つしかないと思い込む。これまた、幼児性の表れです。

だんまりを決め込む安倍さんを、トランプさんはすっかり同じ感性の人間だと思い込んでいることでしょう。だから、「あんたも俺と同じことやれば。結構いいよ。厄介払い」とか言いだしたりするかもしれません。

トランプさんの思い込みや働きかけを待つまでもなく、アホノミクスの大将の感性の中には「バン志向」が強い面が実際にあるのかもしれない。あのやり方をみて、どうしても一言いいたいと思わなかったとすれば、要はあまり抵抗感がなかったということですよね。そうだとすれば、これがまた恐ろしい。

ある日、自分が同じことをする時、「トランプのバンには激しく批判したじゃないか」と指摘されたくないといったこともあったのでしょうか。ここまで来ると勘繰りすぎでしょうね。そうであることを祈ります。

3章

なぜ排外主義が世界に広がったのか

Q9 日本は難民を受け入れるべきか？

A

受け入れるべき。今のうちの準備が重要。

「バン！」への安倍首相の沈黙

本章のタイトルとの関係でこの問題を考える時、何がいえるでしょうか。まず、確認しておくべきことは、前章でみた通り、トランプ政権が難民に対して打ち出した極めて過激な「バン！」の姿勢に対して、安倍首相が沈黙を保ったということです。世界の多くの首脳たちが明確に嫌悪感を打ち出したのに、安倍さんは黙して語らずに終始した。この点からすれば、安倍政権はその基本姿勢においてトランプ的な排外主義を否定していないということになります。

こうした政治的現状が続く限り、日本では事実上の対難民鎖国状態が続くことになりそうです。こういう言い方をすれば、それは違う、シリア難民だって受け入れようとしている、という反論を受けるでしょう。確かに、トランプさんのような「バン！」をやっているわけではありません。ですが、受け入れの門があまりにも狭い。そして、体制があまりにも整っていない。「一応やっています」という体裁づくりの域を出ているとはいえない状況です。

難民、移民への恐るべき閉鎖性

こうした今の状況は、やはり変えるべきでしょう。そもそも、難民についても移民についても、その受け入れに関して、日本は今まで驚くべき閉鎖性を保持したままの状態で来てしまいましたね。ご承知の通り、これは、決してチーム・アホノミクスだけの問題ではありません。触らぬ神に祟《たた》りなしという感じで、気配を消してきた観が濃厚です。日本は経済大国であり、債権大国であり、成熟大国です。グローバルな経済社会の責任ある一員として生きていくつもりなら、このままの状態は明らかにまずいと思います。

戦後日本の対外姿勢の大きな取りこぼしというか、意図的空白地帯でしょう。しかし、責任あるグローバル社会の一員なのであれば、これだけの規模で発生している流浪の難民の命運を自分たちの問題として考えるのは当然の義務の一つでしょう。

端的にいって、日本はシリアを始め他国からの難民を受け入れるべきです。現在の日本は、ヨーロッパのように突如として何百万人という規模で受け入れを迫られるといった状況にはありません。いうなればゆとりがある状況なのです。

そのような状態の今のうちに、対応をしっかり考えて様々なシミュレーションをしておけばいいと思います。例えば、何十万人もの難民が押し寄せて来た場合、施設はどのぐらい必要か。テロリストを排除するための対応はどうあるべきか。

今の時代状況の中、世界第3位の経済規模を誇り、対外債権規模が世界一という大国には、問答無用で対応するテーマだと受け止めるべきです。いざという時に備えて徹底的に対応を考えておく。体制をつくっておく。そのような構えでいるべきだと思います。

ヨーロッパの場合は、たちまち難民たちがすぐそこまでやって来る。放っておけば溺れ死ぬような状況の中で、何とかしなければならない。暮らしてもらう場所を確保しなければならない。考えるゆとりがない中で、考えなければいけない。走りながら考えなければいけない。そういう悪戦苦闘の日々を送っているのです。その中で、右翼排外主義者たちが鎌首をもたげてくる。メルケルさんは、そんな日常の中でまっとうな対応を模索してきたわけです。さしあたり、この切迫感からはまだ遠く離れた場所にいる。そんな日本だからこそ、今、本当に真剣に対応を考えるべきなのだと思います。

日本はそのようにパニックしなくていいのだから、じっくり考えた上で手を挙げるべきです。どう考えたって世界トップ3の位置づけにいる者はそれぐらいのことをしないといけません。グローバル時代の社会的責任の一つだと思います。アメリカが受け入れないなら日本が受け入れるべきです。

政府は最近、シリア難民を大学院留学生として5年間に150人受け入れると決めました。「バン！」よりはましだというべきなのでしょうが、これは比較基準が低次元すぎる。他の先進国と比べてあまりに少数ですよね。

人類的試練に応えるべき

確かに、難民受け入れは国々にとってとても荷が重い問題です。テロ発生の懸念を無視するわけにはいきません。トランプ式に「シリア難民はアメリカにとって有害だ。潜在的テロリストだ」と決めつけて一切入国を拒否するのは問題外ですが、そこに大きなリスクが伴うことは事実でしょう。

ですが、だからといって一切締め出しという短絡的な方法ではない道を模索することが、今の時代を生きる人間に求められていると思います。この大きな問題への良き解答を目指して、全人類が圧倒的に深くゆるぎない良識と細やかで鋭い知恵の発揮を求められている。今はそういう時だと思います。その人類的試練に日本だけが応えないわけにいかないでしょう。

難問は多々あります。難民の受け入れ過程で、どのような審査が人権上容認されるのか、されないのか。受け入れる人々に、その風俗習慣に馴染む環境をどこまで用意出来るのか。用意すべきなのか。どこまで、社会保障を始めとする公共サービスの対象とするのか。受け入れ数が極端に少ないために、今まではあまり詰めて考えなくてもよかった問題も、数多くあるでしょう。備えあれば憂いなし。今、創意工夫を凝らしておくことが肝要だと思います。目をそらして先送りしているのが、一番いけない。いざという時になって、準備不足のまま、自治体や地域共同体、民間企業などに負担をかけるようなことにならないよう、体制づくりに取り組む気概。それを持つ政府の出現が待望されますね。

ここでまた、本章のタイトルに目を向け直しておきたいと思います。「なぜ排外主義が世界に広がったのか」でしたよね。今、我々はこのような問いかけを発しなければいけない状況に当面しているのです。「排外主義は世界に広がるのか」ではありません。「なぜ、世界に広がったのか」です。

グローバル時代は、ヒト・モノ・カネが国境を越えて自由に行き交う時代なのだという。誰もが、当たり前のようにそういう言い方をしますよね。それなのに、命からがら恐怖政治や戦火を逃れて国境を越えようとするヒトに対して「バン!」と叫ぶ。なぜ、そんなことになってしまったのか。このような情けない疑問を掲げなければならない。そんな世の中になっているのです。そのさなかにあって、日本のような国が難民受け入れに及び腰になっている場合ではないでしょう。決然と、この難しい課題に立ち向かっていくべきです。

Q10 日本の移民政策はどうあるべきか？

A

度胸と愛嬌で「来る者は拒まず、去る者は追わず」

「移民政策」なるものの不自然さ

そもそも、「移民政策」という言葉に若干抵抗がありますね。前項でも考えた通り、グローバル時代は、ヒト、モノ、カネが国境を越えて自由に移動するからグローバル時代なのですよね。それを考えれば移民、すなわち人が移動することについて「政策」がなければならないというのも、少々おかしな話だと思えてきませんか。人が人の移動を制約したり強制したりするというのが、思えばとても不自然なことです。

ひょっとすると、移民政策なるものを国々が持つこと自体、人権侵害なのかもしれません。これは極論すぎるかもしれませんが、そんなことも頭の片隅では考えておいていいのじゃないかと思います。誰を受け入れて誰を受け入れないのか。なぜ、誰かは受け入れて、別の誰かは受け入れないのか。それらのことを国々が厳格に決めれば決めるほど、排外主義が世界に広がりやすくなる。そんな風にもいえないでしょうか。

人と人との関係は、「来る者は拒まず、去る者は追わず」が基本原則。そういうことではないでしょうか。

グローバル時代は多様性と包摂性が出会う場でないとうまく機能しません。多様な者同士が腕を大きく広げて抱擁し合うのがグローバル時代の本当の姿だと思うのです。それができず、それぞれの殻に閉じこもり、異分子は排除となれば人類は滅亡してもしようがないんじゃないかと思う。国境に鉄条網を張るとか壁を築くのは、時代逆行的で現代人が現代人に対してやることではない。

移民受け入れ国策の違和感

鉄条網を張るのも問題ですが、「国策としての移民積極受け入れ」式のやり方、考え方にも大いに違和感がありますね。国家の都合で人の移動のあり方を操作しようとするというのは、とても気味の悪い考え方だと思います。その意味で「人手不足の穴埋めのために外国人を入れる」といった類の観点からの「移民政策」には、抵抗があります。人は機械ではない。したがって、入国許可を与える際に「単純労働者」とか「高度人材」という仕分けが行われることにも、どうも腑に落ちないものがあります。今の世の中、入国ビザに様々な種類があったりすることは、やむを得ないことではあるでしょう。それでも、そのような仕分けの対象となっているのは、人間です。このことが片時も忘れられてはいけない。移民や難民問題は、常に基本的人権に関わる問題なのだということを、関係当事者たちは常に深く意識している必要があるのだと思います。

こうしたことに思いを馳せながら現状に目を向ければ、ここにきて、安倍政権が「外国人労働者の受け入れ拡大」を謳《うた》いだしましたね。これは曲者《くせもの》です。やはりこういう形で話が持ち出されてくるのだな、と感じます。

まずは、「外国人労働者の受け入れ」「外国人の受け入れ」ではないことに留意しておくべきですね。「外国人労働力」であって「外国人労働力」と言っていないだけ、まだましなのかもしれません。もっとも、本音を素直に表に出せば、彼らが受け入れたいあるいは受け入れざるを得ないと考えているのは「外国人労働力」なのでしょう。

アホノミクスの枠組みの中に、そもそも労働者は存在しない。彼らが着目するのは労働者ではなくて労働力です。技術者ではなくて技術力。学生ではなくて学力。そして国民ではなくて国力です。強い国力形成のために、国民をどのように労力として活用するか。国民だけで足りないなら、外国人も労働力として動員しよう。このような発想の体系の中で、人の移動というテーマも取り扱われていく。

ここで公平と正確を期するために注釈を加えておけば、「外国人労働者の受け入れ」を自国の労働力事情との関係で政策課題にするというのは、何もアホノミクスに限らず、日本に限ったことでもありません。小さくて人口の少ない多くの国々は、移民政策や外国人労働を国の経済運営の要に位置づけてきました。だからこそ、様々な種類のビザが考案されたりするわけです。

アホノミクスの本質的な怖さ

したがって、こうした人の移動に関してこうした一連の政策が取られること自体を全否定したり、そのこと自体をもって国々のやり方を曲者扱いすることは当たりません。日本を含めてそうです。問題は、どのような意図をもってそのような政策が打ち出されてくるかです。もっと有体《ありてい》にいえば、打ち出されてくる政策の背景にどのような下心が潜んでいるかという問題です。アホノミクスの本質的な怖さがここにあります。万事が「強い日本を取り戻す」という目的意識に紐づけされている。富国強兵路線に向かって我々を手繰り寄せ、引き寄せていくための手段としての「一億総活躍」であり「働き方改革」であり、「外国人労働者の受け入れ」なのです。この点をしっかり見据えることなく、アホノミクスの個別的側面を議論したり評価したりすることには意味がありません。それをすることは、富国強兵路線の術中にはまることにつながってしまう。

「強い日本を取り戻す」ためにどれだけ役に立つ外国人か。その観点から「高度人材」というカテゴリーが設けられたりする。学歴や年収を「ポイント」に置き換えて、「高度人材度」を図る。そのような仕組みが考案されているようです。「高度人材度」が高ければ高いほど、短期間で永住権が得られる。こうした発想も、必ずしも日本に限ったものではありませんが、前述の通り、その背後にある動機の問題を我々は充分意識しておかなければなりません。

アホノミクスの下心問題についてはこれくらいにして、冒頭の「来る者は拒まず、去る者は追わず」に話を戻しましょう。とてつもなく難しいことかもしれませんが、やはり、原則論的にはこれが基本ではないでしょうか。個別的な諸問題はさておき、まずは、何が原理原則かを見定めておくことが重要です。そこの認識を確立しないまま、個別論に入ってしまうと、妙な袋小路に紛れ込んで身動きが取れなくなってしまいます。

「来る者は拒まず」と「去る者は追わず」でいくには、やっぱり、前章でも取り上げた度胸と愛嬌が不可欠です。日本の中で多様性と包摂性を首尾よく出会わせるための度胸と愛嬌の絶妙ブレンドを作り出す。個別問題にも、この基本姿勢を意識しつつ対応していくことが必要ではないでしょうか。「経済活性化」などということがよくいわれます。それが願いなら、多様な人々の存在は不可欠でしょう。似たり寄ったりの人たちしかいない経済社会は間違いなく停滞します。

さらには、そもそも人口が減ることに抵抗があるなら、外から人を受け入れることで不足を補うしかないわけです。

私自身は、そのような手前勝手な目的で移民を受け入れるの、受け入れないのと議論することに抵抗があります。ですが、そのような自己都合的観点から移民を受け入れたいと思うなら、それを正直に表明すべきでしょう。

何はともあれ、本音と建て前が一致していることが重要ですよね。人手不足を補うためにどうしても移民に来てもらいたいなら、それは「移民受け入れ」というよりは

「移民お願い」ですよね。今、日本はどうしようもなく人が足りなくなっています。だから、助けて下さい。そう世界に向かってお願いするわけです。「単純労働で申し訳ないですが、ある村が人手不足で絶滅の危機に瀕しているのです。助けに来て下さい」とお願いすればいい。

そう正直にいえばいい。ところが、例えば「技能実習制度」などという建前を使って、人手不足を補おうとする。こういうやり方はいけませんよね。この制度を所管する厚生労働省のウェブサイトを見ると、制度の目的は以下の通りだと書いてあります。「我が国が先進国としての役割を果たしつつ国際社会との調和ある発展を図っていくため、技能、技術又は知識の開発途上国等への移転を図り、開発途上国等の経済発展を担う『人づくり』に協力すること」。

本当にこの精神に則って実習者を受け入れるなら、別に問題はありません。もっとも、「先進国としての役割」とか、「開発途上国等……の『人づくり』に協力する」などという言い方がいかにも偉そうで引っ掛かる面もありますが、それはともかく、制度の趣旨に忠実な運用には、文句をつけるわけにいきません。

ところが、この制度に基づく「実習」事例には、海から遠く離れた中国内陸部の農村から来た人に、オホーツク海沿岸の漁村でホタテ貝をむく作業をしてもらったケースなどがあります。内陸部の農村で、ホタテ貝をむく「技能」がどうして「経済発展を担う人づくり」につながるのか。なかなか解り難いですよね。

人手不足SOSを発信するなら、そうすればいい。このSOSが期間限定的なものなら、それもキチンと明示しておかなければいけませんよね。素直で正直であること。このような姿勢を貫くことにも度胸と愛嬌が必要になると思います。

形を変えた排外主義

本章のテーマは「なぜ排外主義が世界に広がったのか」でしたね。思えば、自国の都合との関わりで外国人の「高度人材度」を測定しようとしたり、単純労働者不足を「技能実習」を建前に使って補おうとするようなやり方も、要は形を変えた排外主義だといえるのではないでしょうか。なぜなら、こうしたやり方は外からやって来る人々を人としてみていないからです。やっぱり、労働者ではなくて労働力としてしかみていないのです。

Q11 排外主義はアメリカ特有の現象か？

A

下手をすれば排外主義パンデミックが世界を覆う。

時代状況が生み落とした怪物

トランプさんは今の時代状況が生み落とした数多くの怪物の中の一匹に過ぎません。国々がグローバル時代を上手に共に生きていく術《すべ》をまだ編み出せていない。誰も一人では生きていけないのがグローバル時代です。ということは、いいかえれば、人類が未だかつてなく支え合い、助け合うことを求められているし、そのような生き方を定着させるためのかつてないチャンスが到来しているわけです。

ところが、政治も政策も経営も、まだこの好機に賢さを発揮してつかみ取ることが出来ていない。この「賢き共生の空白」とでもいうべき状況が、排外主義に向かって人々を引き寄せようとする妖怪たちを醸成する糠床《ぬかどこ》となってしまっている。これが、今日的実態なのだと思います。

排外主義の妖怪たち

ＥＵからの離脱が決まったイギリスでも、ずっとイギリスで生活してきたポーランド人が「祖国に帰れ」と言われるようなことが起きています。イギリスのような成熟社会でもそのようなことがある。これはとても怖いことですね。脱ＥＵを支持したイギリス人たちの中には、「ポーランド人出て行け」などとは毛頭思っていない人たちがたくさんいると思います。昔からイギリスがＥＵ的枠組みに馴染まないと考えてきた人々は、むしろ、排外主義を嫌い、開放的な海洋国としてのイギリスのあり方を大切にしたい人々でもあると思います。

ところが、今回の脱ＥＵ派の中には、そうした古き良きイギリスの伝統とは正反対の閉鎖性を志向する人々が混じってしまっていた。そこが今回のイギリスの選択の悲劇であり、問題だと思います。

こうして、脱ＥＵ決断に混じり込んでしまった排外的イギリス人たちには、大陸欧州で極右政党や国粋主義政党を支持してしまっている人々とプロフィールが重なっていると思います。そうした人々を引き寄せている大陸欧州における排外主義パンデミック（世界的な大流行）の担い手たちは、例えば次のような顔ぶれです。フランス国民戦線のマリーヌ・ルペン党首。オランダ自由党を率いるヘルト・ウィルダース党首。ナイジェル・ファラージュさん（イギリス「英独立党」前党首）。ベッペ・グリッロさん（イタリア「五つ星運動」党首）。ドイツの極右政党、「ドイツのための選択肢」。オーストリアの自由党。ポーランド「法と正義」のヤロスワフ・カチンスキ党首。ハンガリーのビクトル・オルバン首相……挙げていけば切りがないような状態です。

妖怪たちを生み出す糠床をどう干上がらせるか。それが大きな課題となっているのです。

Q12 イギリスがEUから離脱したのはなぜか？

A

離脱派にも二種類ある。

英EU離脱とトランプ現象の違い

前項でも言及した通り、２０１６年６月の国民投票で離脱票を投じた人々の中がすなわち全て排外主義者だったわけではありません。彼らを「従来型良識的離脱派」と「にわか型発作的離脱派」に大別することが出来ると思います。

前者は今の排外主義パンデミック（世界的な大流行）とは無関係に、大陸欧州主導型の欧州統合に以前から懐疑的だった人々です。懐疑的というよりは、海洋国イギリスにとっての大陸欧州的やり方の居心地の悪さといった方がいいでしょう。

ところが、離脱運動を主導したナイジェル・ファラージュさん（英独立党前党首）やボリス・ジョンソンさん（現外相）の過激な言動と、彼らに扇動された労働者たちの立ち居振る舞いがすっかり注目の的になってしまった。そのため、イギリスのEU離脱決定は、すなわちアメリカにおけるトランプ大統領誕生と完全に同じ現象だと思い込まれてしまいがちです。ここをしっかり仕分けしておく必要がある。

ナイジェル・ファラージュ的な連中の口車に乗ってしまった人々が「にわか型発作

的離脱派」です。彼らが日頃から抱いていた現状への不平不満や将来不安が、「難民出て行け」・「ブリテン・ファースト」式のスローガンに結集してしまった。彼らは、憤懣のはけ口と自分たちを窮状に追い込んだ悪い奴ら、つまりは犯人を探し求めていた。

そこに、ナイジェル・ファラージュさんやボリス・ジョンソンさんがやって来て、「犯人はあいつらだ」と言って移民・難民たちに向かって指を指す。こうした中で、開放的海洋国イギリスのあり方とは全く異質のEU離脱派が形成されてしまった。この経緯をしっかり見据えておかなければいけないと思います。

「従来型良識的離脱派」と「にわか型発作的離脱派」

イギリスにおける従来型良心的離脱派の存在は、EUそのものに内在する問題点をよく浮き彫りにしてくれていると思います。銀行同盟や財政統合という形で、どんどん、均一化・平準化・一本化が進んで行く。多様な欧州人たちにとって、どんどんお仕着せワンサイズ的な窮屈さ、帯に短し襷《たすき》に長し的おさまりの悪さが増して行く。

そうした中で、「みんな同じにならなくても、みんな一緒にやっていけるんじゃないの?」という疑問を投げかける。それが従来型良心的離脱派のスタンスです。その中には、欧州統合という概念に関する貴重な示唆があるといっていいでしょう。EUはヨーロッパであるが故の多様性を殺す、政策の一本化を図ろうとしており、それが今の問題を巻き起こしています。

これに対して、にわか型発作的離脱派は、移民・難民流入の急増でパニック状態に追い込まれた。その背後には、以前から存在した「ポーランド人の配管工(Polish plumbers)」問題があったといえるでしょう。いうまでもなく、これは象徴的な言い方です。前項でも少し触れましたが、イギリスには従来からたくさんのポーランド系移民たちが住んでいます。そして、むろん、多くの多様な職業についている。中でも、頼りにされるのが「ポーランド人の配管工」だというわけです。

逆にいえば、ポーランド人たちがイギリス人から配管の仕事を奪っていくというわけです。この表現が明らかに流行り始めたのは、1990年代からのことですが、それ以前からイギリス社会の底流に潜んでいた一種の通念だったといえるでしょう。

ポーランド系の移民たちは、戦後間もない頃からイギリス社会にすっかり根を下ろしていました。

　私が1960年代にロンドンに住んでいた頃、カトリック教会ではポーランド語のミサの時間帯がありました。私が通っていた修道院が運営する学校にもポーランド人の生徒がたくさんいました。ポーランド系イギリス人は、イギリス社会にとって古くから当たり前の存在なのです。

　怖いのは、この当たり前がある日突然怒りや排外の対象になるということですね。移民が「異民」と化してしまう。実をいえば、そもそも「ポーランド人の配管工」という言い方は、おさぼりで効率の悪いイギリスの職人さんたちにおける半ば自嘲《じちょう》的なギャグの側面がありました。従来型の職人さんたちは、午前中から紅茶ばかり飲んでいて、出来るだけ仕事をしないで済むように振る舞う。その間隙を縫って勤勉な移民たちがどんどん仕事をこなしてくれる。だから、彼らに注文が集中する。ふと気がつけば、古参の職人さんたちは新参者にお得意筋を奪われている。こんな構図を集約的に表現したのが「ポーランド人の配管工」というフレーズだったのです。

　こういう言い方を自嘲的ギャグとして使えている間は問題ありません。その限りでは、むしろ大人の感性です。ですが、今日のように排外主義パンデミック的空気が広がってしまうと、「ポーランド人の配管工」の意味が一変する。スパイスの効いた冗談だったはずのフレーズが、一転して差別と偏見のスローガンと化してしまう。今のイギリスをみていると、まさにこうした言葉の変容を目《ま》の当たりにしている観があって、とても胸が痛みます。イギリスは、こんな国じゃないはずなのに。もっと大人の国だったはずなのに。

手前勝手な「移民が増えすぎて困る」

数の問題は確かにありますね。イギリス政府の統計によれば、イギリスに住む東欧EU加盟国の国民は２００４年には14万人でしたが、２０１４年には１５７万人と11倍になり、爆発的に増えています。中でもポーランド人は7万人から85万人と12倍になり、イギリスに住む外国人でトップになりました。

あまりに増えすぎて焦ったデビッド・キャメロン首相は２０１４年、「移民を年10万人の純増に押し下げる」と目標を明らかにしました。実際には同年も翌年も年30万人台の純増を記録しています。

こうした数字を確認すれば、「ポーランド人の配管工」を敵視してしまうという情けない状況にも、やむを得ない面があったでしょう。ただ、移民の急増も、それだけイギリス国内にニーズがあったことの結果です。それを一転して「増えすぎて困る」は明らかに手前勝手ですよね。前項でみた日本の変形排外主義と重なる面があります。

難民ならまぁいい。でも自分たちから職を奪う競争相手は困る。この発想も、なかなか厄介ですね。かわいそうだと思えているうちは受け入れられる。ところが、その同じ人々が自立し始めると、その存在が邪魔になる。こういうところに、排外主義の妖怪たちがつけ込んでくるわけです。

Q13 若者はなぜ安倍政権を支持するのか？

A

不安が彼らを「強い日本」のイメージに向かって追い立てていく。

驚かされる若者の貧困率の高さ

日本の場合の変形排外主義、つまり自分側の都合や事情で外国人をランクづけするというやり方の問題性については、前項で考えました。これも問題ですが、決してこれだけが問題なわけではない。

日本にも、ヘイトスピーチ問題やいわゆる「ネトウヨ」たちの排外主義と国粋主義がありますよね。こうした方向に走る傾向を持つ人々が、チーム・アホノミクスの「強い日本を取り戻す」というスローガンや「あの時（明治維新と前の東京オリンピックの時を指す）の日本人に出来たことが、今の日本人に出来ないわけはない」などというメッセージに引き寄せられやすいのだと思います。

特に若者たちが「強さ」のメッセージにしがみつきたい思いに駆られているのだと思います。なぜなら、彼らは現状に戸惑い、将来に向かって不安で一杯な心境に陥っている。特に若い男性たちがそうでしょう。

かつては、終身雇用・年功序列の世界が彼らを待ち受けてくれていた。ところが、いまや、正社員など夢のまた夢。年功序列どころか、人の差別・選別が厳しくなっている。年金なんかもらえないかも。結婚なんか、とうてい無理かも。彼らは、格差や差別を早くから意識せざるを得ない状況に当面してきた女子たちと違って、いわば逆境への抵抗力や耐性が弱い。それだけ、不安に駆られる度合も大きい。だから、「強い日本」のイメージに引き寄せられていく。

ちなみにOECD（経済協力開発機構）が２０１６年にまとめた報告書（Income Inequality Update, November 2016）によれば日本では18～25歳層の若者たちの相対貧困率が19・７%に達しています。日本全体としての相対貧困率は16・１%で加盟34カ国中７番目に高い水準です。

日本より相対貧困率が高い国は、エストニア、メキシコ、チリ、トルコ、アメリカ、イスラエルだけです。これだけでも驚くべきことですが、若者の貧困率の高さには全くびっくりさせられます。子どもの貧困率の高さ（16・３%）も大問題ですが、若者たちの20%近くが貧困に苦しんでいるとは何ということでしょう。これでは、彼らの不安が高まり、「強い日本」への誘いに引っ張られてしまうのも解ります。

日本の経済社会全体としてみれば、そこには驚異的な豊かさがある。それなのに、相対貧困率が高くて、しかも若者たちがその大きな犠牲になっている。豊かさの中の貧困問題です。

若者の高貧困率と排外主義

皮肉なことにというか、怖いことには、このような構図が出来上がってしまうと、そのことが人々を排外主義の方向に追いやっていく。彼らに向かって「こっちへおいでよ」と魔の誘いの旗を振る妖怪たちは、実は最も彼らの痛みに無神経で無頓着な連中です。いくら外国人を排除しても、いくら「強い経済」をつくっても、それらのことが若者たちに明るい未来を保障してくれるわけではない。いくら日本が全体としてどんどん豊かになっても、そのことがおのずと若者や子どもたちの貧困問題の解消につながるわけではない。そうなのであれば、そもそも、日本の豊かさの中の貧困問題は出現していないはずです。この辺りをどう幅広く理解してもらうか。世界と日本を排外主義のパンデミックから救い出すためには、ここが勘所になっていくのだと思います。

Q14 リベラルは なぜ 攻撃されるのか？

A

権力がその存在を恐れるから。手っ取り早くリベンジ相手を指し示さないから。

日米欧で旗色の悪いリベラリズム

排外主義の対極にあるのが、いわゆるリベラリズムだといっていいでしょう。この言葉も定義が難しいですが、今日的状況との関係でいえば、国家主義や全体主義を否定し、民主主義と言論の自由を守り抜くことに軸足をすえる思想性だと整理しておいていいでしょう。

リベラリズムの発想の中には、人種差別や国粋主義、強い国家への執着などは入り込む余地がないはずです。その意味で、排外主義パンデミックとの闘いの中では、リベラリズムが力を持つことが決定的な重要性を持っているのだと考えられます。

ところが、日本でもアメリカでも、ヨーロッパでもリベラリズムはどうも旗色が悪い。あたかも、リベラルであることは民衆の敵であることに通じるかのようなイメージが広がってしまっている。全体主義が鎌首をもたげてくる時に、必ずこういう現象が起こりますよね。とても怖いことです。逆にいえば、権力者たちはリベラルな言論や疑問の提示を恐れ、嫌がる。だから攻撃の対象にする。

ネオ・コンとネオ・リベが出会う時

面白いというかおぞましいというか、リベラリズムを攻撃する側にとって、同じリベラルでも頭に「ネオ」がつけば、一転して「大いに結構」ということになるようですね。「ネオ・リベラリズム」すなわち「新自由主義」は「強さ」を追い求める思想性に良く合致する。だから、国家主義者たちは新自由主義に抵抗がない。新保守主義すなわち「ネオ・コンサーバティズム」と「ネオ・リベラリズム」が出会う時、そこにファシズムが花開く。そういうことなのだと思います。

「新自由主義」はもっぱら「弱肉強食淘汰のすすめ」なわけですが、本当の自由主義、つまり「真自由主義」はそのような代物ではありません。人間の精神の自由、言論の自由、魂の自由を標榜するものです。

前出のケリーアン・コンウェイ米大統領顧問は、トランプ大統領を「アクションとインパクトの人」だと言っています。安倍首相も、「威勢のよい言葉だけを並べても、現実は1ミリも変わりません。必要なことは、実行です。結果を出すことであります」

（２０１７年1月20日、施政方針演説）という。「強さ」志向の人々は「実行」志向でもあるわけです。

しかしながら、民主主義には言葉が重要なのです。会話が需要です。全体主義には言葉はいらない。会話は邪魔者です。

問答無用好きの二人

安倍さんとトランプさんの数ある共通点の一つに「問答無用好き」も挙げられますね。国会こそ問答の場なのに、安倍さんはすぐに「時間の無駄」などと口走ってしまう。トランプさんも、記者会見で質問されると、すぐ「だまれ！」とか「すわれ！」と叫んでしまう。

「問答無用イズム」コンビです。

前記の新保守主義すなわち「ネオコン」には、多分にこの問答無用主義が二重写しになると思います。議論なんか時間の無駄。偉大なリーダーのアクションについて来い。そういうわけです。新自由主義が真自由主義とまるで違うものであると同様、新保守主義も真保守主義とは全く別物ですね。保守を意味するconservativeという言葉はconserveという動詞から派生しています。conserveは、「大事にする・保全する」を意味しています。energy conservationといえばエネルギーを保全すること、すなわち省エネです。「変えたり壊したりしてはいけないものを大切に守る」そこに重きを置くのが本来のconservatismすなわち保守主義です。その意味で真の保守主義者は必ずしも国粋主義者だとは限りません。おのずと排外的になるというわけでもないでしょう。

ところが、ネオコンの人々は民主主義体制にとって良きもの、大切なものをconserveすなわち保守しようとするどころか、どんどん壊していく「実行」に力を入れている。その意味では、いまや、かつて「革新」という風に分類されていたリベラル派の人々の方がいい意味での保守性を示しているとさえいえるかもしれません。妙な世の中になったものです。

Q15 民進党はどう変わるべきか？

A

対案志向を捨てるべし。

足りない怒り、危機感、勉強……

「強い日本を取り戻す」路線の誘惑から、いかに人々を守れるか。それが問われているのだと思います。

自国を強くするという発想には、どうしても相手をやっつけるというモチーフが伴う。そこがおのずと排外主義につながっていく。その流れの中で、国民が国家の道具化されていく。このおぞましき展開をどう阻止するか。これこそ、今日の野党に託された最大の課題だと思います。実に重大な役割です。

しっかり対応してもらいたい。今の彼らには怒りが足りない。危機感が足りない。怒りの焦点を絞り込んでいくための勉強も足りないと思います。相手方が何をやろうとしているのか。なぜ、それをやろうとしているのか。もっともっと突っ込んで、徹底して政府与党側が言っていることを把握し、分析して欲しいと思います。

対案を出せ、という相手の言い方に何も素直に従うことはない。野党は批判と吟味が仕事です。対案合戦は国会論議の本筋ではありません。相手の手の内をしっかり把握すればおのずと対案も出てくるでしょうが、それは結果です。

当初から対案づくりを目指していたのでは、相手が言っていることの問題性は明らかに出来ません。いかに嫌がられる野党になるか。そのための材料をどう探り出していくか。その辺にもっともっと力を入れて欲しいと思います。

新自由主義と新保守主義が出会う場所。そんな恐怖の交差点に連れて行かれることから、我々を守ってくれる。野党には、その役割を果たしてもらわなければならないのです。しっかりして！

4章

どアホノミクスの大崩壊過程で警戒すべき諸要因

Q16「シムズ理論」が日本で話題になるのはなぜか？

A

財政赤字の問題を帳消しにする便利な理論だと安倍政権が思っているから。

意図的無責任財政のすすめ

２０１６年後半になって、「シムズ理論」が盛んに取り上げられるようになりましたね。この展開はどうも完全なる悪企みではないかと思われます。

シムズ理論とは、プリンストン大学のクリストファー・シムズ教授らが主張する「物価水準の財政理論（Fiscal Theory of the Price Level、ＦＴＰＬ）」のことです。この考え方に基づいて、シムズ先生が日本はさしあたり財政収支の均衡化を目指さない方がいいと提言しています。いわば意図的無責任財政のすすめですね。財政を均衡化させることで債務返済負担を解消していくのではなくて、インフレを起こすことで債務負担を軽減するという論法です。無責任財政をやれば、それがインフレを引き起こす。そうなれば、今は巨大にみえている公的債務の返済もお茶の子さいさいだというわけです。

厳密を期するためにいえば、ＦＴＰＬそのものが意図的無責任財政のすすめだとは、必ずしもいえないようです。元来、ＦＴＰＬはＭＴＰＬ（Monetary Theory of the

Price Level）＝「物価水準の貨幣理論」に対抗して考案された理論です。後者は皆さんもよくご存じの貨幣数量説です。要は、物価水準は市場に出回る貨幣の数量によって決まるという考え方です。ＦＴＰＬ論者たちはこの考え方を否定しています。物価水準を決めるのは、貨幣の分量ではない。それは財政のスタンスだというのです。財政が拡張スタンスを取ればインフレ期待が高まって物価水準が上昇する。財政が緊縮姿勢になれば、デフレ懸念が高まって物価水準は低下する。このような考え方です。

つまり、ＦＴＰＬは財政政策の構えがどうなるかで物価動向が左右されるといっているだけで、それ自体が一義的に無責任財政を提唱しているわけではありません。ですが、この考え方を今の日本に当てはめれば、無責任財政宣言がおすすめですよ、ということはシムズ先生も言っています。

アホノミクスの下では、今まで「量的質的金融緩和を通じてデフレから脱却する」ことが目指されてきました。ところが、この考え方の有力な提唱者だったはずの浜田宏一イェール大学名誉教授（内閣官房参与）がシムズの論文に触れて「目からウロコが落ちた」と言い、「学者として以前言っていたことと考えが変わったことは認めなければならない」という見解を表明したのです（『日本経済新聞』２０１６年11月15日付）。

この浜田発言を皮切りに、シムズ理論への関心が一気に高まったというわけです。実際に、量的質的金融緩和が行き詰まりつつあり、公的債務問題も局限的に厳しくなっている中ですから、チーム・アホノミクスにとって意図的無責任財政のすすめは実にありがたい助け舟でしょう。渡りに船とは、まさにこのようなことをいうのでしょうね。

時あたかも、シムズ論理がメディアの注目を受ける中、本書のここまでの展開の中でも触れてきた安倍首相の2017年版施政方針演説（1月20日実施）が行われました。外交安全保障上の姿勢が冒頭から出たという点については、既にみた通りですが、それに加えて、この施政方針演説にはもう一つ大きな特徴がありました。それは、財政健全化への言及が全くなかったという点です。「2020年までに基礎的財政収支を黒字化する」という目標も演説の中から消え失せてしまいました。これらのテーマが施政方針演説の中に登場しないのは、今回が初めてのことです。財政健全化すなわち財政赤字の解消が安倍首相の施政方針の中から排除されたわけですね。シムズ理論に力を得てのことなのでしょう。財政健全化努力ではなくて、インフレに力添えしてもらうことで、公的債務の返済負担の実質減を達成してしまおうというわけです。いやはや。

Q17「ヘリコプターマネー」は実現するか？

A

シムズ理論とセットで敢行の企みか？

公共事業よりカネのバラまき

ムズ理論が話題になったと思った矢先、イギリスのＦＳＡ（金融サービス機構）の元長官、アデア・ターナーさんが来日しました。２０１７年1月6日には安倍首相と会談しています。ターナーさんは、かの「ヘリコプターマネー」論の大いなる推進論者です。

これは経済学者のミルトン・フリードマン先生が１９６９年の論文で書いた内容です。フリードマン先生いわく、「景気対策としては公共事業をやるよりもヘリコプターから紙幣をバラまく方が効果的だ。なぜなら、空から降って来たカネは不労所得だ。棚ホタのあぶく銭だから、人々はそれを貯め込んだりしないでどんどん使う。したがって公共事業より即効性がある」。

公共事業は着工までに時間がかかる。建設作業員を集めたりするのがまどろっこしい。波及効果も、地域限定的なものに止まってしまう面がある。だから、大不況が押し寄せているような状況の下では、公共工事よりもカネのバラまきが有効だというわけです。

もちろんこれはイメージ的な表現で、実際にヘリコプターから現金をバラまくのはむしろ効率が悪い。誰もいないところに落ちたカネは落ち葉のごとく朽ち果てるだけですからね。そこで、ヘリコプターマネーの現実的なやり方として何が考えられるかというと、結局のところは中央銀行による財政ファイナンスに話が収斂《しゅうれん》していく。中央銀行による財政ファイナンスは、いいかえれば中央銀行の国債直接引き受けです。政府が欲しいだけのカネを欲しい時に中央銀行が出してあげるわけです。無限に続くおこづかいのフローを政府が手に入れる。それを政府の思惑にしたがってばら撒けばいいというわけです。もっとも、中央銀行からもらったおこづかいを政府が公共事業などに使ってしまえば、厳密な意味でのヘリコプターマネーではないわけですが、そこは、カネが無尽蔵に出てくるという意味では、天から降ってくるのと同じことだと解釈してしまうことになるのでしょう。

「日銀による国債の直接引き受け」とは、国が発行する国債を日銀が市場や金融機関などを介さずに直接、政府から買うことを意味しますが、財政法第5条には「すべて、公債の発行については、日本銀行にこれを引き受けさせ、又、借入金の借入については、日本銀行からこれを借り入れてはならない」とあります。要は、日銀が国債を直接引き受けしてはダメだと書いてある。

日銀サイトには、その理由を以下のように説明しています。

「中央銀行がいったん国債の引受けによって政府への資金供与を始めると、その国の政府の財政節度を失わせ、ひいては中央銀行通貨の増発に歯止めが掛からなくなり、悪性のインフレーションを引き起こすおそれがあるからです」。

さらに「長い歴史から得られた貴重な経験であり、わが国だけでなく先進各国で中央銀行による国債引受けが制度的に禁止されているのもこのためです」とダメ押ししてあります。

ただし、いかなる時でもできないわけではない。先の財政法第5条は次のように続くのです。「但し、特別の事由がある場合において、国会の議決を経た金額の範囲内では、この限りでない」。今の国会情勢であれば、「特別の事由」を通してしまうことはいとも簡単ですよね。したがって、実際にこの方向に向かって事態が進んでしまう可能性は充分にあるわけです。

シムズ理論とヘリマネ理論の関係

さて、ここでシムズ理論とヘリマネ理論の関係をしっかり押さえておかなければいけません。皆さんは既にお気づきのことと思いますが、シムズ理論を実践するには、実は中央銀行による国債直接引き受けがかなり必須条件になってきます。

なぜなら、いくら政府が意図的無責任財政をどんどん進めようと思っても、国債を思うように売りさばけなければダメだからです。市場を通じて国債を売っている限り、どうしても、この面で制約が出てくる。

今の日銀は事実上、直接引き受けに近い形で国債を買っていますが、それでも一応市場で買っている。それを続けていることで、金利を始め金融市場にどうしても大きな歪みを与える格好になっている。日銀の保有国債があまりにも膨大な規模になっていることも、世の中に知れ渡っている。このこともまた、金融市場の正常な機能に支障をもたらしていると考えられます。

こんなわけで、いくら日銀にその意思があっても、市場を介している限り、どうしても日銀が国債を一手に吸収することには限界が出てくる。すると、せっかくの無責任財政も思うようには進まなくなる。この限界を突破するには、やっぱり、市場とは別のところで日銀が相対で政府におこづかいを渡せるようにしなければ不都合なわけです。

したがって、シムズ理論とヘリマネ理論はおのずとセットになる。だからこそ、この時期にアデア・ターナーさんというヘリマネ・プロモーターにお出で頂いたのでしょう。実際に、シムズ先生も無責任財政を実現するには、「財政と金融の一体運営」が必要だといっているのです。

Q18 ヘリコプターマネーが実施されると何が起きる?

A

国家予算が消えてなくなる。

アホノミクスの崩壊への過程

国債取り引きが政府と日銀との間の相対取り引きになる。そして、政府は日銀という名の打ち出の小づち、すなわちおこづかい製造装置を手に入れることになる。こうなったら、政府はもはや予算編成などというめんどくさいことをやらなくなってしまうかもしれません。いくらでもカネをつけてもらえるなら、何も予算をつくって国会審議にかけることもない。今年もまた、赤字国債を発行させて下さいと国会の場でお願いすることも必要なくなります。かくして、国家予算というものが我々の目に触れなくなる。雲隠れしてしまうのです。こんなに怖いことはないですね。

アホノミクスが行き詰まり、崩壊に向かっていく過程では、それを何とか回避しようというので、こんなとんでもないことも起こりかねません。こういうところを我々は気をつけておかなければいけません。チーム・アホノミクスが追い詰められていくのは当然の成り行きだと思いますが、そのことへの彼らの必死の抵抗が、国家予算を我々の目の前から消し去るような事態をもたらすというような展開にも、大いに目を光らせておく必要があります。

いくら何でも、国債の全額を日銀が引き受けるということにはならないかもしれませんが、いずれにせよ、いわば私募債の恰好で政府が借金出来るようになるわけですから、これは大問題です。

直接引き受け「シ団」の過去

ところで、実をいえば日本では国債に関する「直接引き受け」がさほど遠くない過去において行われていたという経緯があります。さすがに中央銀行による直接引き受けではありません。民間金融機関による市場を通さない国債購入です。というより、1970年代後半にいたるまで、日本にはごく一部の例外を除いて国債を売買する市場というものがそもそも存在しなかったのです。当時の国債発行は、民間金融機関によって構成される「国債引き受けシンジケート団」の引き受けが基本でした。一応は一般投資家による国債購入も公募しましたが、応募が発行予定額に達しなければ、「シ団」メンバーが手分けして残額を全部面倒みるという方式を取っていたのです。

しかも、シ団メンバーの金融機関たちは政府から引き受けた国債の転売を禁止されていました。つまり、今日のように既発国債が売買される国債流通市場というものが存在しなかったのです。もっとも、これには日銀が「金融政策の一環として」金融機関から国債を買い取るという裏技がくっついていたのですが、この辺に踏み込んでいくと紙幅を取りすぎますので、詳細は割愛しておきます。

この民間版の国債直接引き受けが崩れ始めたのが、1970年代後半にさしかかる時期でした。1975年から赤字国債の発行が始まり、国債大量発行が常態化することになったため、シ団引き受け方式では、金融機関の帳簿上に国債が溢れかえり、通常の与信業務に支障が生じかねない状況になってしまいました。そのため、当時の大蔵省（現在の財務省）もしぶしぶ金融機関の国債転売解禁に踏み切った。こうして蟻の一穴が開いてしまえば、もう流れは止められません。堰を切ったように、国債の発行と流通を全面的に市場に委ねる方向に事態が動き出したのでした。

このように、日本には市場を介さない国債発行体制というものの歴史があります。しかも、さほど遠くない過去の話です。まさか「あの手があった」と誰かが言いだして、国債発行の民間割り当て方式が復活する、などということにはならないでしょうが、何やら、少し危険な香りが漂うことも事実です。あまりこういうことを書いて、政府の組織的記憶を蘇らせてしまうとよくないかもしれませんね。

思えば、シ団引き受け方式が順調に動いていた間は、国債の発行状況がどうなっているとか、日本の財政収支がどんな状況にあるか、などということが今のように巷《ちまた》で話題になるようなことは、全くありませんでしたね。

こうしてみれば、中央銀行引き受けにしろ、民間シ団方式にしろ、政府の財政が民間市場から完全に切り離されると、やっぱり政府の財政状況というものが、我々の目の前から消え去るのです。そのことを確認する意味では、政府に「あの手があった」ことを思い出させるリスクを犯してでも、シ団引き受け当時の実態を我々が思い出しておく必要がありそうです。

Q19 国家財政が破綻したら何が起きるのか？

A

国家が夜逃げする。その犠牲となって人々の資産の価値が毀損する。統制経済化が進む。

国家破綻は何をもたらすか

中央銀行の国債直接引き受けを何とか正当化しなければならない。そんなところまで追い詰められるということは、国の財政が事実上破綻状態に少なくとも片足は踏み込んでいることの証左である。そのように受け止めるべきだと思います。となれば、国家財政の破綻という事態が何をもたらすのかということについても、しっかり考えておかなければなりません。備えあれば憂いなしですからね。あんまり備えたくない事態ですが、アホノミクスの崩壊過程で我々が一蓮托生《いちれんたくしょう》の憂き目にあってはかないませんし。

政府の財政破綻すなわち「国家デフォルト」という現象の歴史は古く、記録に残っているものだけでも、少なくとも14世紀にさかのぼります。破綻の形態とそれが引き起こす現象には様々ありますが、共通点もあります。最大の共通点は、人々が不幸になるということです。場合によっては、人が命を奪われることさえある。14世紀の王様たちは、ある人間からカネを借りすぎていて返せなくなれば、その人間を処刑しました。さすがに、21世紀においてそれはないでしょう。たぶん。ですが、国家が借金を踏み倒すことを決意した時、あるいはその決断に追い込まれた時、人々の生活は大きく攪乱されます。

国家デフォルトとは、要するに国が借金を踏み倒すことです。人が借金を踏み倒す場合には、それこそ相手を殺すこともあるかもしれませんが、さもなくば、夜逃げです。ですが、国は夜逃げが出来ません。夜逃げしない代わりに何をするかといえば、借金を帳消しにするために様々な算段をします。

通貨の切り替えがその一つのやり方です。それまでの通貨で背負っている借金の価値が事実上消滅するようにするために、従来の通貨を廃止し、新通貨への切り替えを行う。すると、人々がそれまで従来通貨で蓄えてきた貯金などの資産の価値も消滅してしまいます。

国家に対する債権者が全てその国の人々や機関であれば、これで一件落着です。国の借金が国外の債権者に対するものであれば、こういう乱暴な決着は無理です。よほど、その国に世界的な権力が集中していなければね。ですが、日本の場合は国に対する債権者の圧倒的大多数が日本の法人であり日本人たちですから、こんな暴力的なやり方だって出来てしまいかねません。

デフォルト回避の統制経済化

ここまで極端な展開にならない場合でも、それこそシ団引き受け方式の復活があるかもしれない。我々の預金の一部を国債に切り替えさせて頂くというようなことを言いだすかもしれない。これはデフォルトというよりは、デフォルト回避のための統制経済化ですね。

そのような事態を避けるべく預金を引き出し現金化する道を封じるための新円への切り替えもあるかもしれない。いち早く預金封鎖が行われるかもしれない。とんでもない光景がどんどん頭の中に浮かんできてしまいます。こう考えてくると、日本国債の多くを日本の法人と個人が持っているということが、実はとても怖いことです。

対外的な借金なら、このような形で「国家的夜逃げ」を演出することは出来ません。民間の貸し手には債権放棄を認めてもらうという手はあります。ですが、その場合、当分、その同じ相手から借金することは出来なくなる。公的機関からの債務に対して減免を認めてもらうためには、その代償として緊縮財政や制度改変などの要求に対応することになる。この場合にも国民生活は痛みます。でも、問題は明るみに出る。そして解決に向かう。統制経済で国家的夜逃げに付き合わされるよりは、かなりマシだといえるでしょう。

いずれにせよ、国家が債務不履行状態に陥れば、必ず国民がそのツケを払わされることになる。国民の犠牲を伴わない国家破綻の仕組みを考案していく必要があると思います。そんな仕組みが出来てしまえば、緊張感がなくなって国々の財政運営がどんどん杜撰《ずさん》になる恐れもありますが、そこは知恵の絞り方いかんでしょうね。グローバル時代の大きな課題だと思います。

Q20 財政再建への取り組みはどうあるべきか？

A

なぜ財政再建が必要なのか。なぜ人は税金を払うのか。そもそも財政は何のためにあるのか。政府がこれらのことをしっかり認識し直した上で、租税体系を今日の時代状況に対応して見直すべき。

アホノミクス崩壊で最も警戒すべきこと

シムズ理論に助けを借りて財政健全化目標の放棄を正当化する。チーム・アホノミクスは、どうやら、この方向に向かって動き出そうとしている。このように推察されるという点については、既に検討しました。こんな調子ですから、財政再建へのまともな取り組みはどんどん遠ざかっていきそうな状況です。ですが、そうであればこそ、そもそもなぜ財政再建が必要なのか、何をすることが重要なのかといった基本的なところをしっかり押さえておくことが、今こそ、欠かせないのだと思うところです。

こういう基本的なところからどんどん遠ざかっていく。こういうところこそ、アホノミクスの崩壊過程に関して最も警戒すべきところかもしれません。理にかなわないことをやっているから、どんどん崩壊に追いやられていく。身から出た錆ですね。その身から出た錆をむりやりにそぎ落としたり、覆い隠したりしようとする。だから、ますます理にかなわないことをやることになる。そうなればなるほど、そもそも政府や政策が何のためにあるのかということが置き去りにされていく。

財政赤字を垂れ流し続けていれば、いざという時に思うように行財政サービスを国民に提供することが出来ません。国家は国民に対するサービス提供事業者です。国民という名のお得意様の皆さんに対して、公共サービスを提供する。それが国家というサービス事業者の仕事です。この仕事を滞りなく遂行し続けるためには、国の財政は健全な状態に保たれていなければいけません。レスキュー隊がエネルギー切れでレスキューに出動しないのでは、話になりません。シンプルな話です。サービス事業者がエネルギー切れにならないようにするために、我々が税金を払って彼らを支える。むろん、それは彼らが常に最高のサービスを提供してくれることを前提にしてのことです。

今の日本の財政を立て直すためには、やはり、消費税増税は避けられないでしょう。ただし、単に基準税率を少しずつ少しずつ引き上げるというようなやり方では、いつまで経っても焼け石に水状態が続くばかりです。基準税率を一気に欧州並みの20％台に引き上げる。ただし、大きくメリハリをつける。軽減税率もあれば、「重増税率」もある。そのような形で逆進性を排除する。消費税を日本が3％という水準で導入した時の発想は「広く浅く」でした。ですが、そもそもこのやり方自体が消費税に馴染みません。むしろ、「狭く深く」で行くべきでしょう。つまり、金持ちが買う高額商品には高い税率を課して、低所得層の生活必需品に関する税率は低く抑える。それが出来るようにするためには、いまの簡易課税方式をやめて本格的インボイス方式を導入する必要があります。

個人所得税体系の見直しも必要でしょう。今の日本の所得税はあまりにもフラット化が進みすぎている。最高所得区分が４０００万円超で、この部分の所得についての税率が45％です。１９８０年代前半までは最高所得区分が８０００万円超で、この部分については75％の税率が課せられていたのです。つまり、所得税に関してかなりしっかりした累進課税構造が確保されていたわけです。ところが、いまやすっかり累進性が低下してしまっている。

21世紀版の「シャウプ勧告」の必要性

日本で財政がまともに機能し出す方向に多少なりとも確実に進んでいくためには、租税制度の抜本的な見直しは絶対に必要です。いわば21世紀版の「シャウプ勧告」(敗戦後の租税制度改革への勧告）が今、必要とされていると強く感じています。

法人税に関してはひたすら減税ばかりが話題になるのも、おかしいと思います。税金が高すぎると企業が海外に逃げ出すといいますが、本当にどこまで租税負担率が企業の立地決定に影響するのか。他の条件が全て一定なら、確かに企業は税金が一番低いところに立地するでしょう。ですが、他の条件は決して全て一定ではない。今の調子で国々が法人税減税競争を続ければ、やがて世界中で法人税はゼロになる。

そうなれば、その次は補助金競争ですね。既にやられていることではありますが、ゼロ法人税の世界になれば、さらに補助金競争が激化するでしょう。つまりは、マイナス金利ならぬマイナス法人税政策です。

こんなことをやっていると、国々の財政は軒並み破綻してしまいます。財政が機能不全に陥れば、企業経営にも影響が及びます。経営環境は悪化する。国債を買っていれば、その分の損失は発生する。通貨切り替えなどをやられれば、大打撃をこうむる恐れもある。人々の生活が立ち行かなくなれば、自分たちがつくったものを買ってくれ、自分たちが提供するサービスを使ってくれる人々がいなくなる。収益確保という個別最適ばかりを追求して、納税という社会的責任を回避していると、全体最適を破壊することになる。収益どころが、企業としての存続さえ危うい経済社会をつくり出してしまうことになりかねません。

納税は自分のためにするものではない。世のため人のためにすることです。それが気に食わないなら、「情けは人のためならず」だと読み替えればいい。全体最適のために貢献していれば、個別最適にもその恩恵がキックバックされて来る。それでなければ納得出来ないというのも情けない話ですが、せめて、それくらいの認識はあってしかるべきだと思います。そういう観点から企業に納税をお願いする。そのような姿勢が政策に求められるところです。

ところが、アホノミクスという名の政策は、自らの下心である富国強兵の追求、そして、自らの崩壊を食い止めるための弥縫策《びほうさく》にしか目が向いていない。

Q21 消費税の軽減税率は有効か？

A

それは経済学の生みの親に聞くべし。

もう一息、消費税について付け加えておきたいと思います。アダム・スミスは「消費行為に課税するならグラデーション（段階）を付けるのは当たり前」という趣旨のことを書いています。経済学の生みの親がそう言っているのです。消費税は国民の所得を正確に補足できない徴税当局がしかたなく課す最後の手段であって、応能負担制が最後に担保されていなければならない。『国富論』の中でスミス先生は明確にそう書いています。

そもそも、租税制度は所得再分配機能を果たさなければ意味がありません。高所得者から余計に取る一方で低所得者からはあまり取らない。高所得者から召し上げた分を貧困層のライフサポートに回していく。このような役割を果たすための装置として租税制度があるはずです。したがって、消費課税といえども、そこに逆進性が発生しては意味がない。それを回避するための方策が最初から制度に入っていないといけない。それを日本の場合は「税率が低いからいいだろう」と全部同じ税率にする方法で消費税を導入してしまった。ここがそもそもの問題でしたね。

軽減税率を巡っては、実に様々な論議・見解があることは承知しています。それはそれとして、やはりアダム・スミス的基本に戻って頭を整理すべきだと思います。

Q22 日銀がマイナス金利などの金融政策を次々と打ち出す理由は？

A

追い詰められてアタフタしている。金融政策に名を借りた財政ファイナンスの成れの果て。

複雑怪奇な迷路

これもアホノミクスの崩壊過程がもたらしている問題現象ですね。黒田日銀は、「量的・質的金融緩和」を打ち出すところから出発した。これが上手くいっていれば、ご質問のように次々と新手を打ち出す必要はないわけです。ところが、2016年の1月には「マイナス金利付き量的・質的金融緩和」に移行した。そしてさらに9月には「長短金利操作付き量的・質的金融緩和」になった。どんどん名前が長くなる。そしてどんどん解りにくくなる。行き詰まりを打破しようとして打ち出した策が、さらに自分たちを袋小路に追い込む。そこから何とかもがき出ようとして、さらに木に竹を接ぎ、屋上屋《おくじょうおく》を架すから、ますます、複雑怪奇な迷路に自分で迷い込んでしまう。これが今の日銀の姿です。

こんなことになるのは、そもそも、今の日銀がチーム・アホノミクスの中央銀行支部と化しているからです。そのことを痛感させられている日銀のしっかりしたスタッフの皆さんは、どんなに辛い思いをされていることかと思います。

２０１３年４月に初めて「量的・質的金融緩和」が導入された時、黒田東彦《はるひこ》総裁は、かなり執拗に「これは財政ファイナンスなんじゃないですか?」と記者会見で聞かれていた。彼はそれを否定し、あくまでも２%の消費者物価上昇率の達成が目的だと明言しました。もしその通りなのだとすれば、実際に物価上昇率が２%になった時点で、彼らは量的質的金融緩和を止めなければいけない。

ところが、それを彼らが止めてしまえば、国債相場が暴落し、国債に買い手がつかなくなって、日本国の財政が破綻していることが明るみに出る。一体、このジレンマをどう解消するつもりなのだろう。当初からここが疑問でした。この疑問に対する苦し紛れの答えとして出来たのが「長短金利操作付き量的・質的金融緩和」なのだと思います。この点に進む前に、「マイナス金利付き量的・質的金融緩和」の方をみておきましょう。

国債利回り恒常的マイナス圏へ

「マイナス金利付き」がなぜ出てきたのか。私は、これは要するに国債の利回りを恒常的にマイナス圏に持っていくための措置だったのだと思います。

表向きの狙いは、カネを貯めて込んでおくと罰金を取られるという状態を作りだして、金融機関の日銀当座預金に滞留している資金が世の中に流れるようにする、ということになっていました。ですが、そんなことをしても、貸し出し相手が見当たらない中では、金融機関は預金ではなくて現金保有に走る。しかも、自分の預金に罰金が科せられているからといって、お客様にお支払いする貯金金利をまさか罰金に切り替えるわけにはいかない。もちろん、貸し出し金利を上げるわけにもいかない。ひたすら、金融機関の収益が圧迫されるばかりです。しかも、預貯金金利にマイナス金利が及ぶことを恐れた預金者たちも、やっぱり現金保有に走った。

その一方で、罰金にこそ変身しなかったものの、さらに一段と下がってしまった預金金利を目の当たりにして、人々は、こんなことならもっと貯金しなきゃダメだ、というので、むしろカネを貯め込む方向にも走り出す。かくして、マイナス金利政策は凍りついていたカネへの解氷効果どころか、カネをさらにガチガチに凍らせる方向に作用してしまったのです。

今の日本の経済環境の中なら、こういうことが起きそうだということくらい、政策責任者たちに解らなかったものでしょうか。実際に審議委員たちによる金融政策決定会合でも、前述のような展開を予想した反対意見が出ていたのです。そして、委員たちの賛否は真っ二つにわれました。最終的に黒田総裁が賛成票を投じることで、マイナス金利政策が導入されることになりました。ここまでのごり押しの背景には、やはり、どうしても国債の利回りをマイナスにしたいという下心があった。そのように思えてしかたがありません。

このマイナス金利政策のおかげで、実際に国債利回りはマイナス圏にズルズル落ち込んでいくことになりました。その限りでは狙い通りになったわけです。ところが、前述のような金融機関の収益圧迫問題や人々の一段の資金凍結志向問題が出てきた。これを放置しておくのは、いくら何でもまずい。そこで出てきたのが、２０１６年９月に導入された「長短金利操作付き量的・質的金融緩和」です。

この政策の導入目的は、二つあったと私は考えています。その一が、マイナス金利政策がもたらしたダメージを食い止めること。そして、その二が、日銀による国債大量購入を「物価上昇率２％」の制約から解放することです。その意味で、この政策は「ダメージコントロール付き出口封じ」と名称変更すべきだ。私はそう考えています。

と。

まずダメージコントロールについていえば、新たな枠組みは、10年物国債の利回りを0％に誘導することを目指しています。つまり長期金利がマイナス領域に入ることを防ごうとしている。これは、前記の通り、マイナス金利が発生し、銀行経営が圧迫され、生損保や年金基金が運用できない状態に陥ったことへの対策です。これを日銀は「イールドカーブをよりスティープにする」といった難解な表現で説明しました。

次は、「出口封じ」です。これについては「オーバーシュート型コミットメント」とか「フォワードルッキングな物価目標」という言い方が打ち出されました。今までは消費者物価の前年比上昇率が2％になることを目標にしていた。ところが、これから「物価上昇率が安定的に2％を超えると判断できるまで金融緩和を続ける」ということになりました。

つまり、日銀がこのように判断をするまで、ずっと国債を買い続けられるわけです。金融緩和の名目の下で国債を買い続ける状態からの「出口」を目指さなくてよくなった。だから、「出口封じ」です。

ただ、出口封じには成功したものの、日銀の国債大量購入が実際問題として限界に近づきつつあることも事実です。このままでいけば、日銀の国債保有残高が日本のGDP（国内総生産）を超えてしまうのは、時間の問題です。2018年にはそうなることが不可避的な状況になっていたのです。それを回避するためにGDP統計の改訂を行って、GDPの規模をかさ上げしたのか。そう思いたくなるように唐突なGDP統計の見直しが実施されましたが、いくら何でもこれは私の邪推《じゃすい》だと思いたいところです。でも、どうでしょうねぇ。

それはともかく、今や日銀は全金融機関中、最大の国債保有者でもあります。国債発行残高の4割を日銀が持っている。これを中央銀行による財政ファイナンスといわずして、何というのか。どう考えても目立ちすぎになったので、日銀は「長短金利操作付き量的・質的金融緩和」の導入と同時に、国債の年間買い入れ目標だった80兆円という数値目標を取り下げました。80兆円を一応「めど」とはするが、目標とはしない。こう宣言せざるを得ないところまで、国債大量購入が限界にきているということです。だからこそ、枠組みを一気に変えて、シムズ理論に基づく「財政と金融の一体運用」の世界に逃げ込むことが考えられている。このように考えれば、あまりにも解りやすく、あまりにも怖い形で話がつながってしまいます。

Q23 「ベーシックインカム」は導入すべきか？

A

それは導入者の心がけ次第。

焦るアホノミクスの次の一手

焦るアホノミクスの次の一手として、どうも、このテーマが繰り出されてくる可能性がありそうな気がします。ご存じの通り、「ベーシックインカム」政策というのは、年齢・性別・所得水準等々の属性を一切問わず、一国の全ての国民に一定の所得を国が保障するというやり方です。

まず、このテーマを巡る最近の動向をみておきましょう。結構、グローバルにも注目の話題となっている面があります。

例えば、フィンランドでは2017年1月からベーシックインカムの試験導入が始まっています。2年間の社会実験です。実施する政府機関によると、無作為に選んだ25～58歳の失業者2000人を対象に月560ユーロ（約6万7000円）支給する。雇用給付の申請にかかる時間や手間を省くことで、失業期間が短縮するかどうかを調べる目的だとしています（フィンランド社会保険庁サイトによる）。

スイスでは2016年にベーシックインカム導入の可否に国民投票が行われまし

た。大差で否決されましたが、導入提唱者たちは、何はともあれこのテーマに関して国民に考えてもらえる機会があったことでひとまず大いに満足したようです。ちなみに、否決の二大理由は財政負担の大きさと勤労意欲の低下懸念でした。フランスでは、２０１７年大統領選に社会党候補として出馬予定のブノワ・アモンさんがベーシックインカムを選挙公約に掲げています。

こうして、まだまだ評価が定まらないまま、結構なグローバル注目テーマとなっている。それがベーシックインカム構想です。そうなる理由は、それなりに解ります。格差と貧困が世界的に大きな問題となる。そこに照準を合わせて、犯人探しの排外主義者たちや世界制覇を目論む誇大妄想家たちがうごめき出てくる。こんな状況に対する打開策として、幅広く人々に基礎的収入を保障するという考え方が注目されることには、一定の合理性があるといえるでしょう。

実は、この発想の歴史は古いのです。ざっくりいえば、その起源は16世紀にさかのぼります。当時の大思想家、トマス・モアが、その代表的著作である『ユートピア』の中でこの概念を取り扱っています。トマス・モアは、カトリック教会から聖人としての位置づけを得ている人。殉教者です。基本的人権という概念の芽生えに、大いに貢献している人物でもあります。

『ユートピア』の中で、ある人が主人公に次のように教えてくれます。泥棒が増えるのを防ぎたいなら、いくら罰を厳しくしてもダメですよ。人々が泥棒に及ぶのは貧しいから。だから、そのような貧者にはカネを配ればいいでしょ。その方が、犯罪防止にははるかに効果的でありますよと。

ここを出発点として、ベーシックインカムの発想は様々な発展・変形をたどりながら今日にいたっています。既存の社会保障制度とベーシックインカムを組み合せる考え方もありますよ。

いずれにせよ、この概念の基本にあるのは、全ての人間に、まともに生きながらえる権利があるという考え方です。何人たりとも、この権利を剝《はく》奪されてはならない。この地球に生を得ている以上、全ての人々は、地球が与えてくれる恩恵に浴する権利を有している。このような発想に立脚して、万民に基礎的所得を保障する。これが、ベーシックインカムのそれこそ最もベーシックな考え方なのです。

この発想に対しては、かのマーチン・ルーサー・キング牧師や、大統領候補の座をヒラリー・クリントンと争ったバーニー・サンダース上院議員なども、支持を表明しています。

こうしてベーシックインカムのルーツを確認している限りにおいて、これぞまさしく、今日的な貧困と格差問題に対する特効薬であるように思えますよね。

「低貢献者」の厄介払いの危険性

ですが、ここで少々気になってくる点があります。いわゆる「小さな政府」や福祉の効率化というテーマとの関係で、ベーシックインカム政策の有効性を唱える向きがあるということです。

既存の社会保障制度は全部止めてしまえ。その代わり、全国一律のベーシックインカム政策を導入する。例えば、全ての日本国民に月間15万円を支払う。その代わり、既存の弱者救済政策は一切、停止する。もしも、そんなことになったら、弱者のための公助の論理は消えてなくなってしまいます。月間15万円のベーシックインカムを、きちんと管理出来ない人もいるでしょう。全部無駄使いしてしまう人もいるかもしれません。そのような自己管理能力のない人々こそ、実をいえば公助を必要としているわけです。そのような人々の、体《てい》のいい厄介払い。そのような魂胆からベーシックインカムが議論されるようになると大変です。杞憂であって欲しい。だが、どうも気になります。

さらにいえば、ベーシックインカム政策が生産性向上とか国際競争力強化というような「強い経済づくり」上の狙いとの絡みで使われてしまうことも気になります。そのような意味で役に立ちそうもない人々には、ベーシックインカムという名の労働市場からの「立ち退き料」を払ってご退場願う。そのようなことになっては、とんでもない話です。とんでもない話ですから、勘繰りすぎだと思いたいところです。ですが今の政治・政策状況からは何が飛び出してくるか解らない。本来は万人の人権を守るためにあるはずのベーシックインカムが、福祉切り捨てと「低貢献者」の厄介払いのために使われるようになってはたまりません。「働き方改革」などの一環として、不気味なベーシックインカム政策が持ち出されてこないためにこそ、そのようなおぞましき懸念に目を向けておく必要がある。そのように思うところです。追い詰められたアホノミクスが、その崩壊過程でどのような延命策や弥縫策や逆襲の一手を打ち出そうとするか。それを考えていく中では、このテーマも要注意かと考える次第です。

5章

日に日に強まるアホノミクスの富国強兵的危険度

Q24 アホノミクスはどこに向かおうとしているのか？

A

彼らが目指すは大日本帝国。

アホノミクスは大日本帝国への回帰を目指す富国強兵戦略の「富国担当」部分です。憲法改正が「強兵担当」。繰り返し指摘してきている通り、チーム・アホノミクスの大将は２０１５年４月29日、「笹川平和財団アメリカ」（ワシントン）での講演の中で、「私の外交・安全保障政策はアベノミクスと表裏一体であります」とし、そのことの具体的な意味内容について次のように補足しました。

「デフレから脱却をして、経済を成長させ、そしてＧＤＰを増やしていく。それは社会保障の財政基盤を強くすることになりますし、当然、防衛費もしっかりと増やしていくこともできます。また海外に対する支援も行うことができる。日本のプレゼンスを引き上げていくことができる。つまり強い経済はしっかりとした安全保障、安全保障政策の立て直しに不可欠であると、こう考えています」。

社会保障にも目を向けている。そのアリバイづくりをしながら、ＧＤＰを増やせれば国防も増やせると宣言している。そして、日本の「プレゼンスを引き上げる」のだといっている。この辺りは、既にみた２０１７年の施政方針演説の前傾姿勢に重なっていきますよね。

私が「彼らが目指す先は大日本帝国だ」と言うと、「それは比喩的におっしゃっているのですよね」という感じの質問をお受けすることがあります。「まさかそんな」と思われるお気持ちはよく解ります。ですが、これは比喩でも誇張でもありません。実際問題として、安倍さんは「戦後レジームからの脱却」を目指すということを一貫しておっしゃっています。戦後の世界から脱却したいなら、戦前に戻るしかありませんよね。そして、日本における戦前の世界とは、すなわち大日本帝国の世界です。ですから、安倍さんが言われていることを素直に受け止めれば、大日本帝国への回帰という流れがおのずとイメージ出来てしまうわけです。そこが目指すところだからこそ、安倍政権は現行憲法の改正に固執するわけです。

現時点で一番警戒すべきことは、彼らの富国強兵路線が一段と露骨で短兵急《たんぺいきゅう》になっているところです。その原因は二つあります。一つには、アホノミクスの足元が崩壊しつつある。これは前章で取り上げたテーマです。それに加えて、トランプ現象の出現で、アメリカが自国第一主義の中に引きこもっていこうとしている。だから、打って出やすくなった。この点については、第二章でみました。これらの要因があいまって、大日本帝国を目指す拡張主義と軍国路線、そして経済的国家主義が加速度的に前面に出つつある。ここを我々は注視しておかなければなりません。

Q25 安倍政権が「一億総活躍」「働き方改革」を推進する理由は？

A

目指すは「強い日本国づくり」の土台となる「強い経済基盤」。

我々がしっかり見抜いておくべきことは、「一億総活躍推進」が一億の人々のための「活躍推進」ではないこと。働く人々のための「働き方改革」ではないということです。「地方創生」も地方のための地方創生ではない。全ては、強いお国づくりのための強い経済基盤づくりです。それでも、どうしても「成長と分配の好循環」などという表現を使わざるを得なくなっている。自分たちも分配問題にちゃんと目を向けているのだという風情を懸命になって示そうとしている。所詮はリップサービスだと思います。ですが、こうしたことを言いださざるを得なくなっているところに、アホノミクスの行き詰まり感が滲《にじ》み出ている。当初は、「縮小均衡の分配政策」などと言っていたのですよ。それが「成長と分配の好循環」と言いだしている。この大きな変化には注目しておく必要があります。その上で、いかに分配上のテーマさえも必死で富国強兵路線に引き込もうとしているかをしっかり見定めておく必要がある。

あくまで「強い国家を支えられる強い経済を取り戻す」に眼目がある。女性や若者、非正規雇用者、高度人材外国人の力を徹底的に活用して生産性を上げ、競争力を強化し、闘える経済をつくる。ものすごく効率が良く、生産性の上がる経済をつくり出すための「働き方改革」です。というよりは、「働かせ方改革」ですね。

「成長と分配の好循環」の旗印や「働き方改革」の名の下に繰り出されてくるメニューの中には、これは何やら期待が持てると感じられてしまうものがあるかもしれません。でも、そこで騙されてはいけません。目指すは大日本帝国であり、そのための強い経済の土台づくり。ここを忘れてはいけません。我々をより幸せにしてくれる経済をつくろうとしているわけではありません。「良き経済」ではなくて、「強い経済」です。そこを見落として、「安倍政権はよくやっている」などと思ってしまうと、とんでもない形でお国のためにこき使われることになる。

元来、労働法制や社会保障制度は、人々の基本的人権を守るためにある。戦後の世界人権宣言がその基盤となっているはずです。ここが、今日的な諸々の法制度の重要な特徴です。歴史的にみれば、人々を救済するための法律やシステムは、17世紀のイギリスが制定した救貧法辺りにその出発点があるといえるでしょう。しかしながら、その段階での諸制度は、あくまでも権力を維持するための仕組みとして位置づけられていた。巷に貧困者が溢れ、疫病が流行り、人々の生活が破壊されていく。それを放置しておくと、彼らの怒りが爆発して国家体制が維持できなくなる。そのようなことにならないために、「貧困法」などをつくって人々の懐柔に乗り出したわけです。

その際たる例がビスマルク（19世紀のプロイセン首相）による社会保険制度の創設でした。鉄血宰相がなぜそんなことをしたかというと、労働者に革命を起こさせないためでした。労働者のためでなく、体制維持のための労働者保護政策だったわけです。

人々のためではない施策

チーム・アホノミクスが追求する「一億総活躍」や「働き方改革」も、人々のためではない施策です。その意味では、世界人権宣言に基づく戦後型の社会保障制度や労働者の権利保護を目指しているわけではない。こういうところにも「戦後レジームからの脱却」願望が顔を出しているといえるのでしょうね。ですが、そこだけが問題なわけではありません。彼らは体制擁護のためだけに人々のためにならない対策を打ち出しているわけではありません。強いお国づくりに向けて人々を動員するための体制構築を進めようとしている。ここが最大の問題です。この点において、アホノミクスは救貧法やビスマルク改革よりもはるかに「よこしま度」が高いとみておく必要があると思います。

Q26「女性活躍推進」の真意は？

A

女性のための女性活躍推進にあらず。そして、実はそもそも女性活躍推進にあらず。

国家主義的な色彩

もっぱら「女性活躍推進法」というネーミングで話題にされるこの法律は、正しくは「女性の職業生活における活躍の推進に関する法律」です。つまり職業生活をしていない女性、あるいはその予定のない女性は活躍推進の対象にするつもりがない。そのことを法律の名前をもって宣言しているわけです。

あくまでも「職業生活において」女性の活躍を推進しようというのであって、女性の人権を守るためや性差別を解消することに主眼があるわけではない。女性が女性であるがために当面させられる差別や格差や貧困問題を解消しようとしているわけではないのです。現に、この法律には「格差」という言葉が一回出てくるだけで、「差別」や「貧困」への言及はない。

そうした意識や理念とはおよそ無関係に、ひたすら細かい枠組みづくりに徹しているのが、この法律の構造的特徴です。企業や自治体、財団など、あらゆる組織に対して「女性役員の数値目標」など事細かな達成基準を提示している。各組織はそれらの

「お達し」に従って綿密な計画を立て、実績をフォローし、状況を報告し、目標達成を目指さなければいけない。目標が達成出来れば「よくやっています」とご褒美のマークがもらえる。でも、ちょっとでもサボるとご褒美マークは取り消されてしまう。政府が示した方向に向かって、政府が示す基準に従って、政府に報告しながら政府が求めている実績を上げていく。こうした方向に人々と組織の行動様式を統一していこうとしている。その意味で、この法律もまた、実に国家主義的な色彩を帯びている。女性のための女性活躍推進ではないという点に加えて、統制経済的な枠組みの中に我々を追い込んでいこうとする装置の一つとしても、警戒感を持って受け止めていくべきものだと思います。

内閣府のサイトからこの法律をダウンロードすると、「附則」の後に取って付けたように「理由」と題した文章があります。この部分は政府の「法令データ検索システム」では、なぜか表示されません。

とにかく「理由」には、「女性の職業生活における活躍を迅速かつ重点的に推進し、もって豊かで活力ある社会を実現するため、女性の職業生活における活躍の推進について、その基本原則を定め」云々と書いてある。何のためにこの法律があるかというと「豊かで活力ある社会を実現するため」です。

第1条には女性が「活躍することが一層重要となっていることに鑑み」とある。なぜ「一層」なのか「重要となっている」のか、問題認識は全然語られていません。

いずれにせよ、女性を職業の場でいかに効率的にこき使って生産性を上げるかを前面的に示した統制経済的な文書だということが、濃厚に感じられます。全ては強い経済を取り戻し、「強い日本」を取り戻し、「戦後レジームから脱却」し、大日本帝国に立ち戻るという大方針に従っている。そこから目を離した状態だと、アホノミクス批判さえ、的外れになる。なぜなら、「働き方改革」や「女性活躍推進」を単なるご機嫌取りとして受け止めがちになるからです。アホノミクスはご機嫌取りでも、目くらましでも煙幕でもありません。

アホノミクスは、富国強兵戦略の富国担当部分です。憲法改正というテーマと全く同じ問題性と機能と重みを持って、大日本帝国に向かう道を舗装する役割を担っているのです。

よこしまな下心

女性の権利のために「女性登用の数値目標を雇用主に課したという点では、女性差別解消の上で進歩といえる」というようなご意見も、とてもよくわかります。北欧諸国は議会や閣僚の「半分は女性」と定める「クオータ制」を導入しています。こうした制度や仕組み自体を全面的に疑問視しているというようなわけではありません。問題は、誰が何のために何をやろうとしているかということです。

これも既に言及している点ですが、いくら素晴らしい制度でも、それがよこしまな下心をもって導入されることを容認するわけにはいきませんよね。「罪を憎んで人を憎まず」といいますが、人の発想が憎むべきものなら、罪なき制度も否定しなければならない場合があるでしょう。

Q27 政府が「フリーランサー」をすすめるのはなぜ?

A

権利が保護されない「労働力」を増やすため。

安倍政権が２０１６年秋から打ち出しているのが「フリーランスのすすめ」です。経済産業省が同年10月、働き方改革の一角として「会社と雇用契約を結ばないフリーランスや副業などの働き方」を促進するため新たな研究会を立ち上げています。

経産省の資料には、世耕弘成大臣の発言として「従来の『日本型雇用システム』一本槍ではなく、兼業・副業や、フリーランサーのような、『雇用関係によらない働き方』によって、働き手ひとりひとりの能力を、最大限引き出すことが必要です」という考え方が提示されています。要は、労働法制によって人権を守られていない渡り職人を増やそうという考えです。いくらでも、思うようにこき使える労働力を増やそうというわけです。

渡り職人には一見「包丁一本でどこでも行ける」という意味で自立性があって颯爽《さっそう》たるイメージがありますよね。フリーランサーになれば、好きな仕事を選べて、その好きな仕事を好きな時に好きな場所で好きなように出来る。こんなイメージも、世耕さんたちが懸命にプロモーションしようとしているようです。ですが、渡りのフリーランサーには、一切、身分保障がありません。労働時間についても、規制はない。残業という概念もない。

ちなみに「ウーバーテクノロジーズ」という会社がありますよね。人をタクシーに乗せたい運転手さんとタクシーに乗りたい人をスマホ上のアプリなどを通じて結びつけるサービスをやっている会社です。彼らは自分たちを「タクシー配車会社」と位置づけてはいない。あくまでも、人とタクシーの出会いのための「プラットフォーム」を開発し、運営しているだけだというわけです。自分たちは運転手さんたちの雇用主ではない。だから、彼らの身分を保障したり、労働者としての立場保護に配慮する義務はない。そういう立場をとっています。

これに対してアメリカでもイギリスでも運転手が訴訟を起こし、「フリーランサーの身分保障を考えていくべきだ」との気運が高まっています。先進的だといわれる働き方が「奴隷労働ではないのか」という観点から、欧米で問題視されるようになっているのです。

マルクスの『資本論』には渡り職人たちのみじめな労働実態が描写されています。「フリーランスのすすめ」に引きずられて我々が渡り職人化していってしまうと、ふと気がつけば、何と、19世紀の世界に引き戻されていたということになりかねない。これも「戦後レジームからの脱却」ですね。

Q28 そもそも日本でなぜ格差は広がったのか？

A

時代錯誤的な経済成長路線を追求したから。

チーム・アホノミクスが目指す「強い経済」は多分に「成長する経済」に重なっています。要は、経済活動をひたすら大きくしていこうというわけです。「ＧＤＰを増やすことが出来れば国防費を増やせる」という認識の下にアホノミクスが展開されているのですから、この辺はしっかり辻褄《つじつま》があっていますよね。強い国家の土台となる強い経済とは、すなわち成長する経済、大きくなる経済だ。この認識の上に「総活躍推進」や「働き方改革」が乗っかっているということです。

ところが、日本のような成熟経済が育ちざかりだった時のような成長を志向すると、かえって経済のバランスが崩れてしまって、変調が生じてしまいます。

そのことが、１９９０年代の失われた10年がひとまず一巡し、21世紀に入ったところから見え始めてきました。実は、ここから日本の格差社会化が始まったのです。日本経済が久々に成長し始める中で、格差の拡大が意識され始めたのです。

覚えておいででしょうか。21世紀に入って「いざなぎ超えの景気拡大」なるものが始まってしばらくした頃から、『下流社会』（三浦展著、２００５年）という本の題名が流行語となり、ついには『蟹工船』（小林多喜二著、１９２９年）が刊行から約80年経ってからベストセラーになりました。日本経済がしばらくぶりの成長の時代に入った。

すると、人々が差別と格差と貧困を意識するようになっていった。こういう展開でした。この時から、日本経済の自己窮乏化型成長が始まった。私はそのように考えています。

失われた10年の間は、日本経済は長期入院中でした。成長なんて考える余裕はなく、最初は集中治療室で不良債権処理に励んでいました。それが一段落してリハビリに移ろうとしたところ、「リハビリの暇なんてないぞ」と言われて退院を強いられてしまった。

病院を出たら、そこにグローバル化の風が吹き荒れていました。企業も政治も非常に焦って、効率的な成長を目指して突っ走るようになった。

効率を上げないといけないというわけで、足手まといの者は切り捨て、生産性の高い役に立つ者は優遇する。年功序列、終身雇用型の日本的経営は崩れ、代わりに成果主義が採用されました。役に立たない人たちはモノと同じ扱いを受けるようになった。かくして、経済社会が「蟹工船」化していったというわけです。

格差拡大の自己窮乏化型経済

もう充分成長しているのに、そこから無理矢理さらにまた成長しようとして、限界的な生産力や生産性、競争力を高めることに必死になった。それをしたがゆえに全員参加性の低い経済をつくってしまったのだと思うのですね。

「グローバル競争に打ち勝たねばならぬ」という焦りが成長のベクトルを無理矢理に引っ張り伸ばす行動をもたらした。その結果が格差拡大の自己窮乏化型経済だったというわけです。

Q29 経済はなぜ成長しなければいけないのか？

A

成長し続けなくてはいけないわけじゃない。

富国強兵路線に丸め込まれる危険性

経済成長という言葉は、どうもかなり誤解されやすい言葉だと思います。経済が成長するというのは、どういうことなのか。この点についてもしっかりした認識を持っていないと、富国強兵路線に丸め込まれてしまう危険性が高まります。

日本経済が成長しているとかしていないとかいう時、その意味するところは何か。それは、例えば2017年の1年間を通じて行われた経済活動の規模が、2016年の1年間を通じて実現した経済活動の規模との関係でどうなったかということです。2017年を通じた経済活動の規模が2016年のそれより大きければ経済成長率はプラス、小さければ経済成長率はマイナスになる。

ここで注意すべきなのは、2017年の経済成長率がマイナスになったからといって、日本経済がそれだけ貧しくなったとか、萎《しぼ》んでしまったというわけではないということです。ある人が莫大な富を持っている。その人が2017年中に稼いだ追加的な富が2016年中に稼いだ追加的な富の規模より小さかったからといって、この金持ちが以前より貧乏になったわけではありません。富の増え方が２０１７年は２０１６年より少なかったというだけの話です。これから先、毎年毎年、このお金持ちの富の増え方が同額なら、年々のこの人の富はゼロ成長です。ですが、毎年富を稼ぎ出していることに変わりはない。だから、どんどん貧乏になっていくわけではありません。どんどん貧乏になっていくのは、それまでの蓄積を食いつぶさなければいけなくなった場合です。この区別をしっかりつけておく必要があります。

蓄えがまだまだ少ない若い経済なら、年々の経済成長率も高くないと、蓄積がなかなか形成されません。貯金が少ない間は、毎年あるいは毎月の稼ぎがどんどん増えないと、なかなか暮らしは楽になりませんよね。これから発展の緒に就こうという段階の若い経済は、この状態に置かれています。だから、毎年毎年、必ず成長しないといけない。昨日までの蓄えが全部消滅してしまった場合も同じです。立ち直っていくには、年々の経済成長が必要です。戦後間もない時の日本経済が、この状態でした。焼け跡経済と化して、それまでの蓄えが消えてなくなってしまった。

したがって、あの段階では高度経済成長を追求することが正しい選択だったのです。あの当時の日本の経済活動が日本人を幸せにすることが出来るようになるためには、間違いなく経済を成長させなければいけなかったのです。

日本経済は十二分に大きくなった

ですが、いまや、その時代は過ぎ去って久しい。今日の日本経済は十二分に大きく、十二分の蓄えがある。このような経済は、何も、年々の「稼ぎ」が必ず前年の「稼ぎ」より大きくなくてもいい。

日本のような豊かさの段階に到達すれば、問題はこの有り余る富をどう分かち合うかです。それが上手く出来ないようであれば、さしもの巨大で豊かな日本経済も次第にじり貧になるかもしれません。人を不幸にするようになれば、経済活動は経済活動でなくなり、必ず滅びに向かって転がり落ちていくことになるでしょう。

Q30 アホノミクスにどう立ち向かうべきか？

A

立ち向かわなくても自滅する。重要なのは、その自滅に巻き込まれて奈落の底まで連れて行かれないようにすること。

まやかしに翻弄されない知的パワーを

この設問に対しては、これ以上、言葉を費やしてお答えすることはないと思います。今、何が起こっているのか。妖怪たちが何をしようとしているのか。それをしっかりじっくり見極めていけば、そのこと自体が彼らの力を弱めることにつながっていく。幽霊の正体見たり枯れ尾花。妖怪の本性みれば臆病者たちの誇大妄想。我々が真相を知ることが、闇を払うことにつながる。まやかしに翻弄されない皆さんの知的パワーが決め手です。

著者紹介

浜　矩子（はま・のりこ）

1952年生まれ。一橋大学経済学部卒業。三菱総合研究所入社、経済調査部、ロンドン駐在員事務所長兼駐在エコノミスト、経済調査部長などを経て現在、同志社大学大学院ビジネス研究科教授。著書に『さらばアホノミクス』『どアホノミクスへ　最後の通告』（ともに毎日新聞出版）、『アホノミクス完全崩壊に備えよ』（角川新書）などがある。

どアホノミクスとトラパンノミクス
どっちも「アホ」たる30の理由《りゆう》

印刷日　2017年３月20日
発行日　2017年４月5日

著者　　浜《はま》　矩子《のりこ》
発行人　黒川昭良
発行所　毎日新聞出版
〒102-0074
東京都千代田区九段南1-6-17　千代田会館５F
営業本部・03（6265）6941
図書第二編集部・03（6265）6746

印刷・製本　中央精版

ISBN978-4-620-32443-2